GIGA
スクール
・
1人1台端末
に対応！

小学校国語
「学習者用
デジタル教科書」
徹底活用ガイド

中川一史 編著

明治図書

はじめに

　約20年前に，指導者用デジタル教科書（提示用のデジタル教科書）が登場し，2018年には文部科学省から「学習者用デジタル教科書の効果的な活用の在り方等に関するガイドライン」が公開され，本格的に少しずつだが指導者用から学習者用へとデジタル教科書・教材の範囲が広がり始めた。今後，主流は学習者用が担っていくであろう。

　そんな中，GIGA スクール構想により，児童生徒１人１台端末環境の整備が全国の学校で一気に進み，また，「教育現場におけるオンライン教育の活用」によると，

　「一人一台端末環境の早期の実現等を踏まえ，デジタル教科書の活用の可能性を広げて児童生徒の学びの充実を図るため，学習者用デジタル教科書の使用を各教科等の授業時数の２分の１に満たないこととする現行基準について撤廃するとともに，学校現場におけるデジタル教科書の使用が全国的に普及するよう促進する。」
としている。今後，教科や学年は限られるかもしれないが，各学校でデジタル教科書を活用していく様子が，日常的にどんどん見られるようになっていくだろう。同時に，ネット環境等を含め端末をスムーズに活用できるか，意見の共有などをどうやっていくのか，などの「環境面」，ライセンス使用や購入の負担などの「制度や経費」，そもそもの端末活用に関する教師の指導の不安感，板書や紙のノートの兼ね合いなどの「指導面」，そして児童生徒の操作の習熟や慣れなどの「スキル面」についても課題が出てくることが想定される。まさに成果や課題を実践ベースで実感・検討できるフェーズに入ってきた。

　文部科学省が2021年に公開した「デジタル教科書の今後の在り方等に関する検討会議　中間まとめ」によると，

　「各学校においては，教科等の特質に応じ，地域・学校や児童生徒の実情を踏まえながら，ICT を活用し，授業の中で『個別最適な学び』の成果を『協働的な学び』に生かし，更にその成果を『個別最適な学び』に還元するなど，『個別最適な学び』と『協働的な学び』を一体的に充実し，新学習指導要領が掲げる『主体的・対話的で深い学び』の実現に向けた授業改善につなげていくことが求められる。」

　「このようなこれからの学校教育に必要不可欠な ICT 活用の一環として，GIGA スクール構想により整備される１人１台端末において，以下に示すような特性を持つデジタル教科書を効果的に活用した教育を進めることは，児童生徒の『個別最適な学び』と『協働的な学び』の充実や，特別な配慮を必要とする児童生徒の学習上の困難の低減に資するものと考えられる。」
として，デジタル教科書導入の意義を示している。

同時に，本中間まとめでは，教師の指導力向上の方策として，

　「デジタル教科書のメリットを最大限発揮するためには，教師のデジタル教科書を含むICT活用指導力の向上を図ることが必要不可欠である。デジタル教科書の導入によって，個々の教師の指導力に大きな差が生じることのないよう，教育実習を含む大学の教職課程や，教育委員会や学校内で行われる研修等を通じて，継続してこうした教師の指導力の向上や底上げを図る必要がある。」

と指摘している。

　本書は，日常的にデジタル教科書が活用されていくことの一助として，国語に特化してその考え方や活用ノウハウを多くの事例で紹介している。CHAPTER1では，「学習者用デジタル教科書」の捉え方・学び方について解説する。このCHAPTER1は，学習者用デジタル教科書とは何か，から始まり，個別最適化を促す学習者用デジタル教科書，国語学習者用デジタル教科書活用での効果，教材，留意点から研修例まで，詳しく述べている。

　また，CHAPTER2では，「学習者用デジタル教科書」の使い方について解説する。このCHAPTER2は，「デジタル教科書部分の基本的機能を使った事例」「漢字練習，リークシートなどを活用した事例」「本文抜き出し機能を活用して思考の可視化や情報の共有を行った事例」そして，「年間を通してのデジタル教科書を活用した児童の変容」について，詳細に紹介している。

　本書が，多くの学校でのデジタル教科書活用のきっかけになれば幸いである。

2021年5月吉日

中川一史

（参考文献）
・文部科学省（2021）教育現場におけるオンライン教育の活用
https://www.mext.go.jp/content/20210329-mxt_gyoukaku-000013799_1.pdf?fbclid=IwAR3Mlh7iBEBkNspN6DB-2MyH-C61o75c9rFrvxJimw1mBXM51wKBwOnyqSI
（2021.04.05取得）
・文部科学省（2021）デジタル教科書の今後の在り方等に関する検討会議　中間まとめ
https://www.mext.go.jp/content/20210316-mxt_kyokasyo01-000013483_01.pdf
（2021.04.05取得）

本書の使い方

1 CHAPTER1について

　ここでは，学習者用デジタル教科書について解説しています。学習者用デジタル教科書の定義から，国語学習者用デジタル教科書の活用法や留意点，研修例まで，実際に使用する前に読んでおきたい内容が満載です。

▶p.012

| SECTION 1 |

学習者用デジタル教科書とは何か

放送大学教授・中川一史

　2020年度，GIGA スクール構想により，「1人1台端末及び高速大容量の通信ネットワーク」の整備が全国の100% 近くの自治体，学校で進んだ。これまでの学校40台の使い回し状態とは全く異なり，すべての児童生徒が，いつも手元に置きながら使うことになる。我が国の教育の情報化は，ここで一気に加速されることになった。

1 | 教育の情報化が進むためのポイント

　教育の情報化が進むためには，「制度」「環境」「活用」「スキル」の4つのキーワードが連動しながら進んでいくことが必要だ（図1）。「制度」と「環境」については，GIGA スクール構想もあり，加速した。もっとも，常時1人1台端末環境への移行という意味では，この GIGA スクール構想も途中段階であり，最終的には，BYOD（Bring own device：個人所有，保護者負担）になることだと筆者は考えている。また，執筆時点において，教育データの活用については，特に本テーマであるデジタル教科書との連動という意味では，今後の状況を見守りたい。

　直近では，「活用」と「スキル」向上が求められることになる。「スキル」については，まず児童生徒の活用スキル向上がある。導入当初は，物珍しさも手伝って，手元にある端末が気になって仕方がないであろう。いろいろなところを触ってみたいだろうし，どんな機能があるのかも試してみたくなる。しかし，この目新しさの時期を経ないと，ツールとして最適に活用できる段階には至らない。そこで，スキルアップを兼ねて，「いろいろ触ってみる時期」が必要になる。

　ある中学校では，入学年度始めの時期に，「学級関係のポスターを端末で作成する」ことで，テキストはもちろん，各種画像等を貼り付けることを経験させたり，毎朝オンラインの無料「タイピング練習サイトを活用する」ことで，生徒にとってはゲーム感覚で毎朝の遊びとしたり，ネット上の情報収集を積極的に行わせたりすることで，機器に慣れ，目新しさを払拭する時間と場を保証したという。同時に，活用場面で特定のアプリや機能を「使い倒す」経験が必要だ。この経験があって，はじめて児童生徒自らが適切にツールを選択することができるようになる。いずれにしても，1人1台端末をからめて，児童生徒の情報活用能力を向上させていくことが重要である。

　一方，教員の授業方法の改善について，である。児童生徒にとっては，情報収集したり，思

012

2 CHAPTER2について

　ここでは，機能解説編，活用編（初級 **HOP**，中級 **STEP**，上級 **JUMP**），継続編の3つに分けて，国語学習者用デジタル教科書（光村図書版）の使い方や実践事例を紹介します。

　機能解説編は，「書き込みツール」，「音声再生・表示方法」，「デジタル教材」など，国語学習者用デジタル教科書（光村図書版）の主な機能をわかりやすく解説しています。

| SECTION 1 | 機能解説編

○機能名の後の（　　）内の用語は「まなビューア®」の表示用語である。

1 | 書き込みツール

　書き込みツールは「どうぐ」ボタンから起動する。フリーハンドの書き込み（ペン），直線を引く（せん），指定範囲の枠囲み（わく），各種スタンプ（スタンプ），付箋や文字入力領域の貼り付け（ふせん），書き込みの消去（けす）の機能を使うことができる。

●この機能の種類と特徴

　デジタル教科書のツールの中で，教科書紙面に書き込むツールが「どうぐ」ボタンに設定されている。低学年の児童が使うことを考え，教科書本文上にはみ出さないように線やマーカーを引くことができたり，書き込みをした部分をタップするだけで消えたりするように，動作を少なくして学習に集中できるような性能向上を図っている。

❶ 書き込み機能（ペン・せん）
　書き込みで使う筆記用具。6色×透明・非透明の12色×3段階の太さを用意している。中心となる語や，登場人物の行動描写などにマーキングして，内容理解や文章構成の把握に効果がある。→ p.066, 069, 074, 078, 094, 119

❷ 枠囲み・スタンプ（わく・スタンプ）
　「わく」は枠囲みをしたり，広い範囲を伏せたりするときに使える機能。スタンプは学習領域に応じた登場人物のアイコンや学習用語を用意している。場面や段落構成の理解，話者の特定などの活動に適している。→ p.078, 099, 106, 124

❸ 付箋（ふせん）
　教科書紙面上や様々なコンテンツに考えや感想を残すための機能。囲みなしで文字だけを入力して残すことも可能。本文に対する自分の考えを張り付けたり，疑問や友だちの意見を張り付けたりする際に使用する。→ p.078, 111

060

▲p.060　機能解説編

活用編は，初級 HOP，中級 STEP，上級 JUMP に分けて，

HOP ではデジタル教科書部分の基本的機能を使った事例を4事例
STEP では漢字練習，ワークシートなどを活用した事例を4事例
JUMP では本文抜き出し機能を活用して思考の可視化や情報の共有を行う事例を5事例

の全部で13事例を紹介しています。

　各事例は，デジタル教科書活用のねらい，単元の指導目標と単元計画，本時の目標と評価，学習活動の流れのほか，デジタル教科書活用のポイントやここでも使える！デジタル教科書として，授業内の詳しい指導の流れから授業後の活用法まで，200％活用できるアイデアが満載です！

▼pp.064-065　デジタル教科書活用のねらい，単元の指導目標と単元計画，本時の目標と評価，デジタル教科書活用のポイント

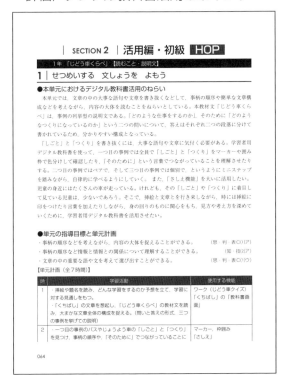

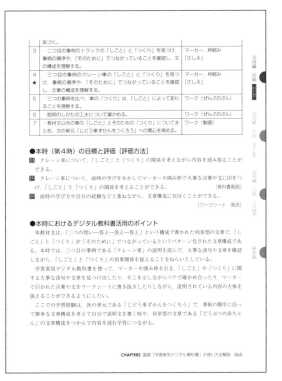

◀p.067　ここでも使える！デジタル教科書

継続編では，デジタル教科書を継続的に活用している事例を2事例，紹介しています。

▼pp.116-117　継続編

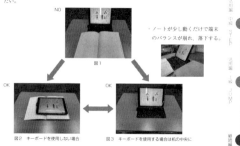

CONTENTS

＊事例は光村図書出版株式会社の「学習者用デジタル教科書＋教材」を使用しています。

CHAPTER 1
「学習者用デジタル教科書」の捉え方・学び方全解説

CHAPTER**2**
国語「学習者用デジタル教科書」の使い方全解説

CHAPTER 1

「学習者用デジタル教科書」の捉え方・学び方全解説

学習者用デジタル教科書とは何か

放送大学教授・中川一史

2020年度，GIGA スクール構想により，「1人1台端末及び高速大容量の通信ネットワーク」の整備が全国の100% 近くの自治体，学校で進んだ。これまでの学校40台の使い回し状態とは全く異なり，すべての児童生徒が，いつも手元に置きながら使うことになる。我が国の教育の情報化は，ここで一気に加速されることになった。

1 | 教育の情報化が進むためのポイント

教育の情報化が進むためには，「制度」「環境」「活用」「スキル」の4つのキーワードが連動しながら進んでいくことが必要だ（図1）。「制度」と「環境」については，GIGA スクール構想もあり，加速した。もっとも，常時1人1台端末環境への移行という意味では，この GIGA スクール構想も途中段階であり，最終的には，BYOD（Bring your own device：個人所有，保護者負担）になることだと筆者は考えている。また，執筆時点において，教育データの活用については，特に本テーマであるデジタル教科書との連動という意味では，今後の状況を見守りたい。

直近では，「活用」と「スキル」向上が求められることになる。「スキル」については，まず児童生徒の活用スキル向上がある。導入当初は，物珍しさも手伝って，手元にある端末が気になって仕方がないであろう。いろいろなところを触ってみたいだろうし，どんな機能があるのかも試してみたくなる。しかし，この目新しさの時期を経ないと，ツールとして最適に活用できる段階には至らない。そこで，スキルアップを兼ねて，「いろいろ触ってみる時期」が必要になる。

ある中学校では，入学年度始めの時期に，「学級関係のポスターを端末で作成する」ことで，テキストはもちろん，各種画像等を貼り付けることを経験させたり，毎朝オンラインの無料「タイピング練習サイトを活用する」ことで，生徒にとってはゲーム感覚で毎朝の遊びとしたり，ネット上の情報収集を積極的に行わせたりすることで，機器に慣れ，目新しさを払拭する時間と場を保証したという。同時に，活用場面で特定のアプリや機能を「使い倒す」経験が必要だ。この経験があって，はじめて児童生徒自らが適切にツールを選択することができるようになる。いずれにしても，1人1台端末をからめて，児童生徒の情報活用能力を向上させていくことが重要である。

一方，教員の授業方法の改善について，である。児童生徒にとっては，情報収集したり，思

考を可視化し、共有したりするツールが手元に増えたわけだ。そのことを前提に、教員は授業での手立てを検討したい。これまで以上に、個人思考（作業）の時間をしっかりとり、個々で考える場を保証していくことになる。さらに、先のように、端末を気にしているインターバルを含めた状況をゆったりと見通せる構えが教員側には必要になる。

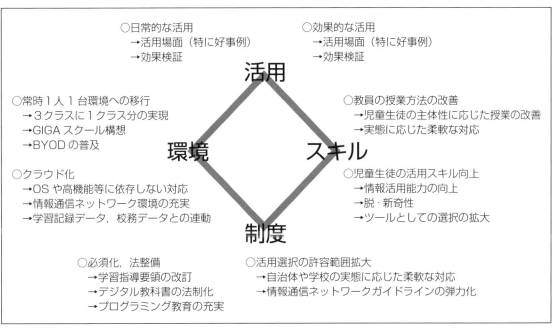

図1　教育の情報化が進むための4つのキーワード

「活用」については、これまで学校で40台など限られたコンピュータの活用下では、授業における「効果的な活用」を追究してきた（図2の①）。しかし、1人1台端末環境を児童生徒一人ひとりが占有して活用するようになると、「授業以外での活用」や「日常的な活用」も想定される。つまり、図2のような4つのケースが考えられるわけだ。

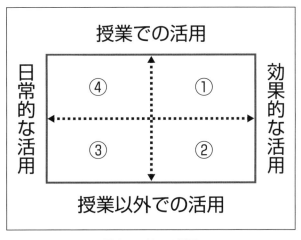

図2　二軸での活用

各学校では，授業での「日常的な活用」として，どんな場面を想定し，進めていくのだろうか。また，授業以外での活用はどうだろうか。委員会活動にさりげなく持っていくことを認めるのか，先の中学校の例のように朝の会でクラス共通の使い方をするのか。そして，家庭に持ち帰りはするのか，しないのか。持ち帰るならどういう使い方を想定するのか。

　図2での②③④のイメージを明確にもち，校内で情報共有し，さらには活用が充実することで，結果的には①が充実するものと思われる。

2 ｜ 学習者用デジタル教科書の概念と特性

　これまで述べてきたようなGIGAスクール構想での1人1台端末環境の整備が整う中，学校教育法等の一部を改正する法律（平成30年法律第39号）が2019年4月1日から施行され，教科書の内容を記録した電磁的記録である教材（デジタル教科書）が教科書として認められるようになった。デジタル教科書は，大型提示装置などで主に教師が提示用で使う「指導者用デジタル教科書」と，個々の端末で主に児童生徒が学習用で使う「学習者用デジタル教科書」の2種類がある。先の法律の話は，学習者用デジタル教科書が対象である。

　学習者用デジタル教科書は，紙の教科書をデジタルデータにした箇所を指すのだが，実際は，学習者用デジタル教材やデータ転送に関するソフトや大型提示装置などのICT周辺機器と連携して活用していく（図3）。

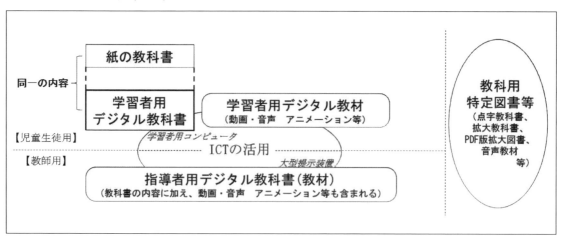

図3　紙の教科書や学習者用デジタル教科書等の概念図
（文部科学省（2020）「教育の情報化に関する手引―追補版―」より）

　学習者用デジタル教科書（＋デジタル教材）の活用においては，文字色・背景色の変更，ふりがな表示，リフロー表示，音声読み上げ（機械音声）など，紙の教科書と違い，児童生徒の実態や状況に応じたカスタマイズが可能となる（図4）。また，2020年に文部科学省から公開

された「教育の情報化に関する手引—追補版—」には、「第7章　学校におけるICT環境整備、第2節　デジタル教科書やデジタル教材等」において、「特別な配慮を必要とする児童生徒等の学習上の困難の低減」として、「教科書の内容へのアクセスを容易にする」ことを挙げている。

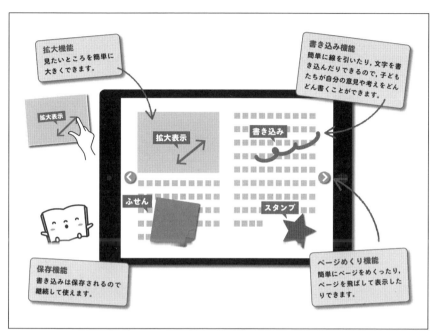

図4　学習者用デジタル教科書
（一般社団法人教科書協会（2019）「学習者用デジタル教科書ガイドブック」より）

カスタマイズに加え，これまでなかなか紙の教科書ではやりきれなかった，以下のような「～しやすさ」が考えられる。

1）書きやすさ・消しやすさ

例えば，紙の教科書にも物理的には書き込めるが，教科書に書き込んだものを児童生徒はなかなか消さない。しかし，学習者用デジタル教科書の本文には，書いたり消したりを簡単に繰り返す様子が見られることが多い。

2）動かしやすさ・試しやすさ

カードや短冊の配置を変えることで，その関係性を視覚的に確認するなど，思考を深めたり，発想を広げたりすることができる。

3）共有しやすさ・連動しやすさ

授業支援ソフトのような転送できる仕組みを活用すれば，教室前の大型提示装置に児童の端末画面を映し出して全体で共有したり，児童間でデータを共有してデジタルパンフレットを共同制作したりするなどができる。

4）拡大しやすさ・縮小しやすさ

挿絵や写真を大きくすることで細部を確認しやすくなるだけでなく，特別な配慮を必要とする児童生徒にとっては文字を大きくすることで学習に参加しやすくなる。

5）繰り返しやすさ

覚えていない漢字を何度も選別したり，漢字をなぞって繰り返し筆順の確認をしたりすることができる。

6）保存しやすさ

途中までまとめた文章や図などをそのまま保存することができる。自分のアカウントからクラウドに保存すれば，特定の端末でなくても，継続して学習を続けることができる。

3 ｜ 思考の可視化を支える学習者用デジタル教科書

学習者用デジタル教科書は，個々の端末で使うため，思考の可視化を支えるツールでもある。例えば，国語学習者用デジタル教科書で「本文抜き出し機能」（マイ黒板：教科書紙面から，

直接本文や挿絵・写真を簡単に抜き出して，自分の考えをまとめることができる機能：光村図書，2019）を活用した授業を例に挙げる。

　まず，小学校6年生国語科説明文「鳥獣戯画」の授業である。児童は「表現の工夫」「論の展開」「絵の見せ方」の三観点で筆者の工夫とその効果を自分の言葉で整理するという課題である。「本文抜き出し機能」を用いることで，友だちの発言や作成した画面をきっかけにして，個人の考えが次々と追加・修正されていった（図5-1）。また，教科書本文への書き込みや削除も活発に行われた（図5-2）。

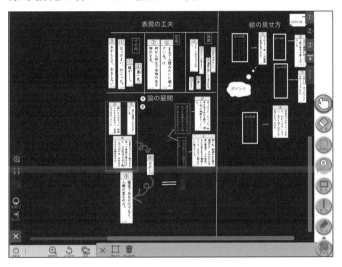

図5-1　本文抜き出し機能への書き込み

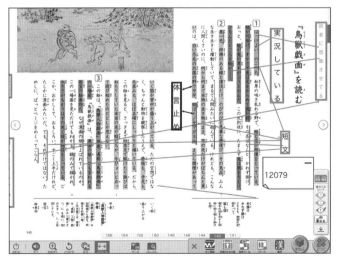

図5-2　教科書本文への書き込み

　また，小学校高学年国語科の授業において，児童の学習者用デジタル教科書の画面上の書き込み操作に関して，どのように自分の考えを整理したり説明したりするために活用しているか，発話や操作の様子を書き起こし，操作とその活用意図を抽出した（中川ら，2016　中川ら，

2018)。その際に，本文の該当箇所を「抜き出す」「消去する」「配置する」「画面に線を引く」「文字を書く」「画面を指し示しながら説明する」などのアクションを多数繰り返しながら，思考の可視化を試み，本時のめあてである説明文の読みの深まりに迫るように活用することを明らかにした。

　これらの例において，本文の一部を抜き出し，自分なりに編集して考えをまとめる際に着目すべきは，隣の子とは，まとめ方に違いが見られることだ。つまり，紙のワークシートでよく見られるような定型の枠組は教師から与えられていない。一方，本文や挿絵・図表など，抜き出し・配置をする材料は，そこ（教科書）にすべて用意されている。そのため，構造化に注力できるような仕組みになっていると考えられる。

　デジタル教科書のよさは，デジタル教材も含め，教科書に準拠しているため，単元の学習内容にリンクされている（親・紙の教科書）。そのため，デジタル教材などを使うことに慣れていない教師にとっても，どの学習内容に関係あるのか，難なく探し出せるメリットがある。一方で，これまで述べてきたような「紙にはないデジタルのよさ」を発揮している（脱・紙の教科書）。この2つを同時に持ち合わせているところが，デジタル教科書たる所以である。

4 ｜ 「読む教科書」から「書く教科書」「共有する教科書」へ

　以上述べてきたように，学習者用デジタル教科書・デジタル教材は，教科書であってこれまでの教科書の枠には留まらない。これまでの紙の教科書のような「読む教科書」から，「書く教科書」「共有する教科書」へと，教科書そのものの役割も今後大きく変わっていくだろう（図6）。

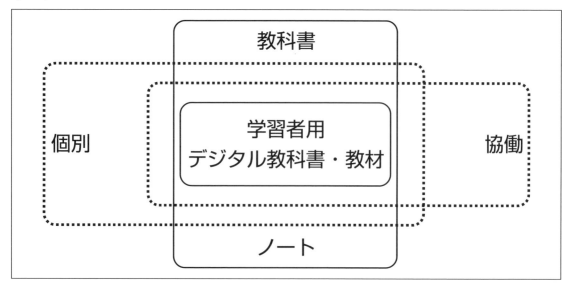

図6　「読む教科書」から「書く教科書」「共有する教科書」へ

先の手引（追補版）によると，「（略）これからの学びにとっては，ICT はマストアイテムであり，ICT 環境は鉛筆やノート等の文房具と同様に教育現場において不可欠なものとなっていることを強く認識し，その整備を推進していくとともに，学校における教育の情報化を推進していくことは極めて重要である（略）」としている。端末を持ち帰ることにする学校も，それを積極的に推進する自治体も，今後さらに増えていくものと思われる。学習者用デジタル教科書についても，クラウド環境に接続し，家庭でもどんどん活用していくようになると思われる。そのような意味においても，個人学習ができるような教材を充実させる，教育データと連動させるなど，これまでの教科書の概念を変えていきながら，発展していくだろう。

（参考文献）
・文部科学省・国立教育政策研究所（2019）OECD 生徒の学習到達度調査2018年調査（PISA2018）のポイント
https://www.nier.go.jp/kokusai/pisa/pdf/2018/01_point.pdf
（2021.02.10取得）
・文部科学省（2020）「GIGA スクール構想」について
https://www.mext.go.jp/kaigisiryo/content/20200706-mxt_syoto01-000008468-22.pdf#search=%27文部科学省（2020）「GIGA スクール構想」について %27
（2021.02.10取得）
・文部科学省（2020）教育の情報化に関する手引（追補版）
https://www.mext.go.jp/content/20200622-mxt_jogai01-000003284_001.pdf
（2020.02.10取得）
・文部科学省（2018）学習者用デジタル教科書の効果的な活用の在り方等に関するガイドライン
https://www.mext.go.jp/b_menu/shingi/chousa/shotou/139/houkoku/__icsFiles/afieldfile/2018/12/27/1412207_001.pdf
（2020.08.28取得）
・一般社団法人教科書協会（2019）学習者用デジタル教科書ガイドブック
http://www.textbook.or.jp/publications/data/191030dtbguide.pdf#search=%27一般社団法人教科書協会（2019）学習者用デジタル教科書ガイドブック %27
（2020.08.28取得）
・光村図書出版（2019）デジタル教科書&デジタル教材総合カタログ，p.8
・中川一史，佐藤幸江，中橋雄，青山由紀（2018）小学校国語科説明文教材と物語文教材の学習者用デジタル教科書における活用の比較，日本教育メディア学会第25回年次大会発表収録，pp.56-59
・中川一史，佐藤幸江，中橋雄，青山由紀（2016）小学校国語科説明文教材の学習者用デジタル教科書における操作とその意図の分析，日本教育メディア学会第23回年次大会発表集録，pp.84-87

（写真提供協力）
・浦部文也教諭（横浜市立荏子田小学校）

個別最適化を促す
学習者用デジタル教科書とは？

茨城大学准教授・小林祐紀

1 | はじめに

「個別最適化」という言葉は，GIGA スクール構想の実現という文脈において，しばしば目にするようになった。例えば，GIGA スクール構想の説明においては，すべての児童生徒に 1 人 1 台端末等の ICT 環境の整備を通じて Society5.0時代を生きる子どもたちに相応しい，誰一人取り残すことのない公正に個別最適化され，創造性を育む学びを実現することのように示されている（例えば，文部科学省，2019[i]）。ちなみに GIGA とは「Global and Innovation Gateway for All」の略であり，「すべての人にグローバルで革新的な（教育の）提供を」という意味と言えよう。

しかし，考えてみると私たち教師は，これまでも可能な限り一人ひとりの学習者の実態を反映した指導に配慮してきた。個別最適化と同様の意味で用いられる個別最適な学びについて確認してみると，これまで教師側の視点から整理され，指導の個別化と学習の個性化から構成される「個に応じた指導」を学習者側の視点から整理された概念と示されている（文部科学省，2020[ii]）。したがって，個別最適化についても同様に学習者側の視点に立った言葉であり，学習指導要領が要請する学習者中心の学びを反映したものと言える。

なぜ今再び，「個別最適化」にスポットライトが当てられているのか，それは間違いなく GIGA スクール構想によって 1 人 1 台端末環境が整備され，早晩実現するであろう学習者用デジタル教科書の導入に由来する。学習者用デジタル教科書を含む ICT によって，個別最適化された学習が今まで以上に展開されやすいということであろう。それでは，学習者用デジタル教科書のどのような機能によって個別最適化は促されるのであろうか，個別最適化されるための学習者用デジタル教科書の活用とはどのようなものであるか等について，本 SECTION では論考していく。

なお，学習者用デジタル教科書は，本文の拡大や読み上げ機能等の特別支援機能が付加され，検定教科書と同一の内容を電磁的に記録した「学習者用デジタル教科書」部分と「学習者用デジタル教材」部分の 2 つから構成されているが，これらは一体的に使用することが効果的であると考えられることから，本 SECTION では 2 つ合わせたものを学習者用デジタル教科書と捉えている。

2 | 個別最適化と学習者用デジタル教科書の機能及び活用との関係

❶教科書へのアクセシビリティを改善する

　学習者用デジタル教科書の基本的な機能として，漢字にルビを振る機能（図1），教科書の文章を機械音声で読み上げる機能（図2），背景や文字色を反転したり変更したりする機能（図3），文字の拡大縮小や表示画面の大きさに合わせて，レイアウトが自動的に変更されるリフロー機能等が備わっている。近年，学級内の学力差が大きくなってきたとの学校現場からの声を聞く機会が増えた。さらに，学び方に特性のある子どもたちの存在も見逃せない。

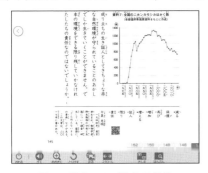

図1　漢字にルビを振る機能

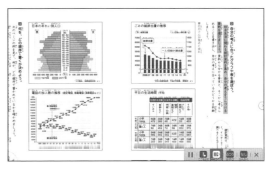

図2　教科書の文章を機械音声で読み上げる機能

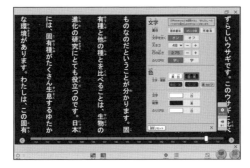

図3　背景や文字色を反転したり変更したりする機能
※図1〜図3はすべてデジタル教科書＋教材　国語5年　光村図書出版[iii]より

　例えば，既習事項か否かにかかわらず未習得の漢字にルビを振る機能によって，学習に参加できるようになることは大きな利点である。また，文字や文章を読むことが苦手で，読むというこれまで一般的に用いられてきた学習方法では，内容の理解が難しく感じる子どもであったとしても，機械音声で読み上げる機能があれば，これまでの読むとは異なるインプットであるがゆえに学習内容の理解につながる可能性が高い。文字の読み書きに不安を覚える子どもたちは，かつてから見られていたが，教師や保護者が適宜対応したり，あるいは不安を感じさせまいと子ども自身が振る舞ったりすることで，何とかやりすごしてきたと思われる。しかし，学習者用デジタル教科書によって，このような不安が解消されることは，学習の機会を保証する，誰一人取り残すことのないという意味で非常に大きな利点と言える。

学習者用デジタル教科書の機能によって，教科書へのアクセシビリティ（内容に対する近づきやすさ・利用しやすさ）を改善することは，とりわけ特別な配慮を必要とする子どもたちにとって個別最適化された学習を提供することにつながるだろう。

❷学び方の自由さを保証する

　学習者用デジタル教科書の中には，教科書の文章や図表等を抜き出して活用するツールが用意されているものがあり，一般的に「本文・図表等の抜き出し」機能と呼ばれている（図4）。また，抜き出した本文や図表等，あるいは本文そのものに自由に書き込むことができる機能が合わせて用意されている。

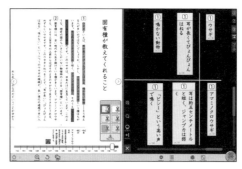

図4　教科書の本文や図表を抜き出して自由に配置できる機能
※図4はデジタル教科書＋教材　国語5年　光村図書出版[iii]より

　これまでの授業では，子どもたち一人ひとりの学び方を大切にすることを意図して，ノートやワークシートを用いて，自らの考えを書くように教師は指示してきた。しかしながら，特にワークシートは，一定の枠組みが用意されているがゆえに，子どもたちの考え方を規定する一面も少なからずあった。さらに，子どもたちは教師の書く板書を，いかに丁寧にノートに書き写すかを問われてきた。一方，本文・図表等を抜き出す機能によって，子どもたち一人ひとりのオリジナルのノート（光村図書出版の学習者用デジタル教科書では「マイ黒板」機能と呼ばれている）を作りながら，学習を進められることは多様な学び方に対応できるものと言える。

　筆者自身も学習者用デジタル教科書が登場する前に，高等学校の国語科教師と協働して，生徒がタブレット端末上で，自由に自分の考えを整理できる環境を構築し，実践に取り組んだことがある。その際，改めて驚いたことは問題の解決に向けて，実に多様なアプローチが存在していたという事実であった。また実践の結果，文章構成の意図を書き手の立場から考えることができる等の一定の学習効果を確認することができた（小田部ほか，2018[iv]）。しかし，当該実践では書き込みできる環境や本文を自由に抜き出せる環境ではなかったため，学習者用デジタル教科書に用意される「本文・図表等の抜き出し」機能によって，子どもたちの思考の自由度はより高いものとなるだろう。

「本文・図表等の抜き出し」機能を活用した授業は既に行われ始めており，子どもたち一人ひとりの学習問題へのアプローチが多様であることは当然のこととし，実践者が感じる学習効果について次のように示されている（文部科学省，2019）。

> 「教科書本文を写す時間や労力が省略でき，意見の出し合いやその記録がしやすくなる」
> 「書くことに困難のある児童も自分の意見を可視化しやすく，積極的に話し合いに参加できる」
> 「グループでの話し合いや学級全体の話し合いの過程が可視化，共有されることで，互いの考えの根拠が明らかになるなど他の児童の考えを理解しやすくなり，対話的で深い学びを充実させることができる」

実践者の感じる学習効果について，学習問題に迫る一人ひとりのアプローチが多様であることが保証され，さらに可視化されることで，友だちの考えを傾聴することや互いの考えの共通点や相違点を見出しやすくなる。教室で学ぶ授業は決して，個別学習だけで進行しない。自明のことではあるが，個別最適化された学びだけでは教室の中で仲間と共に学ぶ意義は少ない。上記に示された実践者の言葉からは，個別最適化された学びと協働的な学びは往還しつつ，授業を展開することが重要であるとの指摘を確認できる。

❸学習データ・ログを活用する　－AI（型）ドリル－

学習者用デジタル教科書をはじめとして，1人1台端末の整備・運用によって，期待されている「個別最適化」された学習の代表として学習データ・ログといった教育ビックデータの活用が挙げられる。すでに，子どもたち一人ひとりの解答から理解度を判断し，次の出題（必要に応じて誤答の原因と考えられる学習内容にまで戻る）を選択する等の機能を備えたAI（型）ドリルが実用されている。学習内容の定着はもとより，教科学習の中でも特に知識・理解に関する内容について，指導を最大限に効率化し，時間的な余裕を生み出すことで，探究的な学びにあてる時間を確保することも意図されている。

これまで決められた教室や学年という枠組みの中で，一律の内容を一律のペースで一斉に学ぶことが求められがちであったが，1人1台端末を利用し，それらがインターネットに接続していることから，学習データ・ログを背景にしたAI（型）ドリルの活用によって，学習する場所を問わずそれぞれのペースで，個別最適化された内容を学習することができ，さらに個別最適化された内容であるからこそ，意欲的に学習できると期待されている。

ここまで述べてきた個別最適化された学びが，学習者用デジタル教科書によって実現されるかどうかは未知数であるものの，記述した通り，AI（型）ドリル等によって既に運用が始まっている。しかしながら，これらの取組やその発想は，決して新しいことではないことを自覚

しておく必要がある。それは，1950年代に登場したスキナーによるプログラム学習を具体化したティーチング・マシンの存在である。プログラム学習には下記に示すように5つの原理（表1）[v]があり，この原理は現在取り組まれているAI（型）ドリルにも引き継がれていると言えよう。

表1　プログラム学習の5原理（鈴木 2004を引用）

原理	内容
・積極的反応の原理	学習者がどの程度理解したかは，問題に答えさせて判断する。外に出してみることで初めて学習の程度が判明すると考えよ。
・即時確認の原理	学習者の反応の正否をすぐ知らせる。学習者は，自分の反応が正しかったかどうかを知った上で，次の反応を要求されるようにせよ。
・スモールステップの原理	学習者がなるべく失敗しないように，学習のステップを細かく設定する。失敗をするとそれが定着する危険性があると考えよ。
・自己ペースの原理	学習者個々が自分のペースで学習を進められるようにする。適当なスピードは学習者それぞれによって異なると考えよ。
・学習者検証の原理	プログラムの良し悪しは，専門家が判断するのではなく，実際に学習が成立したかどうかで判断する。そのためには，未学習の協力者に開発中のプログラムを試用してもらい，必要に応じて改善せよ。

　また，定期的に時間を設定し，既習の基礎的な学習内容について，子どもたち一人ひとりが自分の理解度に応じて学習を進める取組もこれまでに実施されてきた。愛知県豊浦町立緒川小学校の「はげみ学習」はその代表例と言える。全問正解できれば次のステップに進んでいくシステムを採用し，間違った問題については教師から解説を受けたり，コンピュータを含む各種教材を用いて自ら学習内容を振り返ったりする。それぞれの学習内容の領域は非常に細かく設定されていること等，はげみ学習においても上述したプログラム学習の原理を確認することができる。

　はげみ学習と同様の取組について，筆者もかつての勤務校において取り組んだことがあり，子どもたちが大変意欲的であったことが印象深い。しかしながら課題も見出された。それは，学習の動機付けを見出せない子どもへの対応や学習内容の定着について教師の見立てとのずれであった。したがって，自明のことであるが日常の授業を補完するような位置付けであることを理解しておくことが重要である。

　学習データ・ログを活用するAI（型）ドリルは，教育ビッグデータの活用により学習者に適した精緻な情報や，学習者のモチベーションを維持するような柔軟な対応ができるのだろうか。また，これらの活用は教室だけに留まらない。GIGAスクール構想によって整備された1人1台の教育用コンピュータは，家庭への持ち帰りが前提であることも忘れてならない。日常的な取組として，教室に入りづらい子どもたちの学習保障として等，教室外で子どもたちの学

習を支援する方法としての利用も十分に考えられる。しかしながら，ここでも共通するのはAI（型）ドリルは万能では無いことの自覚である。子どもたちの学習を支援する教師に限らず大人の役割を今一度検討する必要があるだろう。まずはAI（型）ドリルを教師自身が利用してみることで，教育活動における位置付けや活用方法を吟味することが望ましいと考えている。

❹ QRコンテンツによって知的関心を広げる

　学習者用デジタル教科書の利用にあたっては，該当ページが開かれた時間や開いた状態が継続した時間，あるコンテンツが視聴された回数，問題の答えを入力するのにかかった時間等の記録について，技術的にはすべて残すことができる。学習者用デジタル教科書の利用者が今後増えれば増えるほど，学習ログが集まり，各情報の持つ意味は確度の高い情報となっていく。学習状況や学習習慣の把握だけに留まらず，問題の回答結果と合わせてみることで，子どもたち一人ひとりに適した学び方を指南できる可能性が高まる。これまで，個々の学び方にまでは指導が及びにくかったが，学習データ・ログの活用によって，子どもたちを見取るための評価の質が向上したり，授業改善につながったりする可能性が指摘できる。

　中でもコンテンツの活用については，すでに教科書にQRコードが付されていることを目にすることが多くなった。多様な教科において，実に様々なコンテンツが用意されている。例えば，小学校理科では，各学年の実験映像や観察することが困難な地形や火山の様子等のコンテンツが用意されている。また，算数科では，図形のアニメーション，分度器やコンパス等の使い方に関するコンテンツが用意されている。これらのコンテンツは教師用の端末を用いて一斉視聴することもできるが，基本的には子どもたちが自らの課題，興味・関心に応じて視聴することが想定されている。したがって，授業中に一人ひとりやグループ単位で視聴することはもちろん，家庭学習において視聴することも視野に入っている。子どもたち一人ひとりの知的関心に応えられるように，今後コンテンツの拡充や精選が進んでいくと思われる。

❺学習指導要領のコード化によって関連データを横断的・体系的に扱う

　ここまで述べてきた❷❸❹に関わって，子どもたちの学習から得られたデータの種類や単位がサービス提供者や使用者ごとに異なるのではなく，相互に交換，蓄積，分析が可能となるように収集するデータの意味を揃えることが，個別最適化や学習効果の最大化等のためには必要不可欠であるとの考えから，教育データを標準化する方向性を見出すことができる。

　学習者である子どもたちにとっても，1人1台端末環境の整備によって，多様な学習コンテンツにアクセスできるようになる一方で，各情報の関連性が見えにくいという問題も生じる。そこで，今，学習指導要領のコード化の議論が進展しており，学習者用デジタル教科書との関連では次のように示されている（図5）。

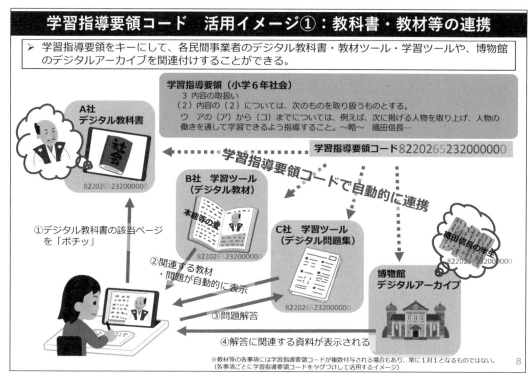

図5　学習指導要領のコード化に関する活用イメージ[vi]

　学習者用デジタル教科書の該当ページや該当領域を選択することで，学習指導要領コードによって自動的に連携されたデジタル教材及び関連する問題，次いで問題の回答等の一連のデータが示される。さらに，回答に関連する資料が提供されるような仕組みが想定されている。これらの実現のためには，もとになる学習指導要領のコード化が必要であることは言うまでもなく，すでに2020年10月16日付けで文部科学省「教育データ標準（第1版）[vii]」が公開され，個別最適化された学びにどのように活用できるのか，今後，システムの運用や教育実践による実証が待たれるところである。

3 ｜ おわりに

　ここまで，個別最適化と学習者用デジタル教科書の関連について，学習者用デジタル教科書の持つ機能面や活用方法に着目して論考してきた。AI（型）ドリル等はどこまで学習者用デジタル教科書に紐付けられるか未知数であるが，関連を持たせること自体は，学習指導要領のコード化によって可能になると考えられる。

　さらに，個別最適化に資する学習者用デジタル教科書の活用の今後について，学習者である子どもたちによって，自らの学びの履歴を活用することが展望できる。デジタルデータの蓄積によって，子どもたち自身が自らの学びを時間軸という縦軸，教科間という横軸の両側面から

見通すことができるようになれば，学習成果を実感し，あるいは自分の特性を理解することで，これまで以上に主体的に学ぶことへの動機付けが高められると筆者は考えている。そのためには，学習者用デジタル教科書から得られたどのようなデータを，どのような形で子どもたちに還元するのかについて議論していくことが必要である。加えるならば，子どもたちに還元するデータを教師や保護者とも共有することで，一人ひとりの学びを強く支援することにつながるであろう。

ただし，システムによって蓄積され提供されたデータが必ずしも，一人ひとりの子どもたちに最適化を促すとは限らない。あくまでも何のための個別最適化であるのか，今取り組んでいる教育の目標は何であるのか，一連の学習を通じてどのような学力を身に付けて欲しいと願うのかといった目標論や学力論に立ち戻って考えることが重要であることを，私たちは忘れずにいたい。

最後に，小学校中学年の児童を対象にした学習者用デジタル教科書の使用感に関する調査[viii]からは，従来のノートを用いた学習，学習者用デジタル教科書を用いた学習ともに肯定的に捉えていることが明らかになっており，その結果は一定期間継続して確認できた。さらに，従来のノートの使用が向くと考える学習活動，学習者用デジタル教科書の使用が向くと考える学習活動を区別して認識していることも指摘されている。学習者用デジタル教科書が有する種々のシステムによって実現が期待される個別最適化された学びであるが，案外，子どもたちは私たち教師が想像するよりも早く，さまざまな心配を余所に，システムに振り回されることなく新しい学び方に順応し一人ひとりが自らに合った学び方，つまり個別最適化を実現していくのかもしれない。

[i] 文部科学省（2019）文部科学大臣メッセージ
https://www.mext.go.jp/content/20191219-mxt_syoto01_000003363_09.pdf（2021年1月8日確認）
[ii] 文部科学省（2020）「令和の日本型学校教育」の構築を目指して（中間まとめ）【概要】
https://www.mext.go.jp/content/20201007-mxt_syoto02-000010320_1.pdf（2021年1月8日確認）
[iii] 光村図書出版 デジタル教科書＋教材 国語5年
[iv] 小田部明香，小林祐紀，田部成孝（2020）文章構成の意図の理解を目指すタブレット端末を利用した実践と評価，日本デジタル教科書学会第7回年次大会（富山大会），2G-3A-3
[v] 鈴木克明（編著），清水康敬（監修）（2004）『詳説インストラクショナルデザイン：eラーニングファンダメンタル』特定活動非営利法人日本イーラーニングコンソシアム
[vi] 文部科学省（2020）学習指導要領コードについて
https://www.mext.go.jp/content/20201016-mxt_syoto01-000010374_3.pdf（2021年1月8日確認）
[vii] 文部科学省 教育データ標準
https://www.mext.go.jp/ A_menu/other/data_00001.htm（2021年1月8日確認）
[viii] 小林祐紀，中川一史（2019）「読むこと」領域における小学校国語科学習者用デジタル教科書の使用に関する児童の意識調査－予備的調査の結果報告－，日本教育メディア学会研究会論集，47，13-19

国語学習者用デジタル教科書活用で どんな効果がある？

文教大学教授・藤森裕治

1 | はじめに

　本書を手にする読者のみなさんは，デジタル教科書の特長や使い方を積極的に学ぼうとする意欲をもっておられることと拝察する。だからこそ，本書を買い求められたはずだ。

　けれども，そうはいっても紙の国語教科書の捨てがたさ，というか「紙じゃない国語教科書なんて……」と感じている方も，実のところ少なくないのではなかろうか。デジタル教科書は便利かもしれないけれど，紙の教科書を駆逐してもらっては困るという考えが，現在の教育界の大勢を占めているのではなかろうか。

　この SECTION では国語学習者用デジタル教科書を活用するとどんな効果があるのか考えるわけだが，その前に紙の国語教科書にはどんな「よさ」があるか，振り返っておこう。

　新学期，配られたばかりの国語教科書を手に取り，硬い表紙をおもむろにめくる。そのときの指の感触と心のときめきは紙だからこそ味わえるものだ。わけても国語教科書は「読み物」として独特なかがやきをもっている。目次には興味をそそる物語名が，本文にはおもしろそうな挿絵や写真などがあって，授業が待ちきれずに先読みしたりする。学びが進むのにつれて，ページの外側の汚れた部分が増えていき，何だかそれだけ賢くなった気になったりもする。

　紙の国語教科書を読むという日常は，読書習慣を育てる。図書館に行って本を手に取る意欲をうながす（少なくとも後ろ向きにはしない）。角を折っておけば（ドッグイア）大事な場所を簡単に見つけられるし，タブレットの電源を入れたりボタン操作をしたりすることなく，いつでも好きなときに取り出してすぐに読むことができる。著者の写真にいたずら書きしたり，ページの隅でパラパラ漫画を作ったりすることも，紙の教科書ならではの楽しみだ。

　紙の国語教科書がもっているこうした「よさ」をまとめるなら，それは，「物理的な質感をもった言葉の学びの実在」ということになろうか。デジタル教科書が普及して紙の教科書がなくなったら，段ボール箱から古びた教科書を取り出してあの頃の思い出にひたることなど，できなくなってしまうのだ。

　そう考えると，この SECTION を執筆している筆者も複雑な思いにかられてしまう。だが，デジタル教科書が紙の教科書の居場所を奪うかどうかは，これを扱う人間の問題であって，デジタル教科書に罪はない。少なくとも，紙の教科書の「よさ」をデジタル教科書は否定しない。

　紙には紙の「よさ」がある。このことを心に留めて，本題に入っていこう。

2 | 国語学習者用デジタル教科書でなければできないこと

「国語学習者用デジタル教科書」という用語は長いので，以下この意味で本 SECTION では「国語デジタル教科書」と呼ぶ（あまり縮まっていないが）。また，本 SECTION の中で具体的に触れる国語デジタル教科書のイメージは，光村図書出版社版の国語学習者用デジタル教科書（令和2年度版）で，学校種は小学校を対象としている。

さて，紙の国語教科書がもつ「よさ」を十分に尊重した上で，国語デジタル教科書を活用して得られる効果とは何かについて考えてみたい。この問いに簡潔明瞭に答えるには，紙の国語教科書では絶対に（あるいは容易に）できなくて，子どもたちが国語を学ぶ上では重要なことを，国語デジタル教科書から挙げてみるのが一番である。

そこで，国語デジタル教科書でなければできそうにない，4つの「できる」を考えてみたい。

❶学習支援が必要な子どものために教科書をアレンジできる

2012年に文部科学省が調査した統計によれば，通常の学級に在籍する小学生の7.7％程度が，知的発達に遅れはないものの学習面・行動面のいずれかまたは両方で著しい困難を示すと推定されている。筆者もこれまでに国内外で数多くの小学校を訪問してきたが，学習支援を必要とする子どものいない学級を見たことがない。

支援を必要とする子どもたちの中には，かなりの数でディスレクシア（Dyslexia 識字困難）や弱視，難聴の子どもがいる。内閣府が発表した「子ども・若者白書（平成26年度）」によれば，通級で特別支援を受けている小学生70,924人のうち，47.0％が言語障害，2.6％が弱視または難聴である。このような子どもたちにとって，紙の国語教科書で中身を理解することは，しばしば非常にやっかいなものとなるが，印刷された教科書にはどうすることもできない。

この問題をかなりの部分で解決できるのが国語デジタル教科書である。CHAPTER1のSECTION2「個別最適化」のところでも触れたが，現在発行されている国語デジタル教科書は，文字のフォント・サイズ（形や大きさ），背景の色（子どもによってはこれが大きな壁となる），ルビなどが，子どもの状況に応じて調節できるようになっている。必要があれば，教科書の文章を音声で読み上げてくれる。

こうした機能の恩恵を受ける相手は，いわゆる特別支援の対象となる子どもたちに留まらない。例えば，母語を日本語としない外国籍の子どもたちも同様である。文部科学省の統計資料によると，平成30年時点で日本の小学校に通う外国籍児童の数は約59,094人。彼らにとって，教科書の文章をいつでも読み上げてくれる国語デジタル教科書は，日本語の学びを助けてくれるはずだ。また，辞書アプリを併用すれば，意味の分からない語句もすぐに検索できるだろう。紙の教科書でも，教師が音読してやるとか辞書を傍らにおくとかの工夫をすれば何とかなるかもしれないが，いつでもどこでもこれができる国語デジタル教科書にはかなわない。

❷本物の「話すこと・聞くこと」教材を掲載することができる

　近年，QRコード付きの紙の教科書が出回るようになってきた。2019年に文部科学省の教科書検定基準が見直され，これを付けてもよいことになったのがきっかけである。国語教科書でも，音声言語活動や芸能作品を扱う単元で，実際の活動の様子や演目の動画を見ることができるようになった（これまでは指導書にDVDなどが添えられていた）。ページの余白に印刷されたQRコードをスマホやタブレットで読み取ると，リンクの張られた動画が視聴できるという仕組みである。

　けれども上の説明で語るに落ちているように，紙の教科書そのものに動画を載せることは，どんなにがんばってもできない。電子的な道具がなければ，せっかく苦労して付けたQRコードも，ただの白黒模様である。

　これに対して，国語デジタル教科書は，教科書そのものに動画がある（写真）。例えば「話し合って決める」活動をするとき，へたくそな話合いの動画と上手な話合いの動画とを視聴し，どこに違いがあるのか，どんな身振り手振りが効果的か，声の調子や間はどうとるのが聞き取りやすいかといった話しことばならではの事柄をみんなで考えることも，自在に行うことができる。

光村図書普及版学習者用
デジタル教科書5年より

　この違いは，たんに国語デジタル教科書の利便性を示すだけではない。これまで，教科書と呼ばれる紙の本には，「話すこと・聞くこと」を学ぶための本物の教材がなかったということを我々は思い知らなければならない。「書くこと」では，話題や文章構成の手引き，素材となる文章や文例が国語教材として紙の教科書にある。「読むこと」については語るまでもない。

　これに対して，「話すこと・聞くこと」の学びでは，話題や話し方・聞き方・話し合い方などの手引き，書き起こされた音声言語活動の様子などが印刷されて載っているぐらいで，実際に人が話したり聞いたりしている様子を教科書に載せることはできなかったのである。この限界を突破することに成功したのが，他でもない，国語デジタル教科書なのである。

❸これまでにない「読むこと」を実現することができる

　「読むこと」については，紙の教科書の専売特許といった感があるかもしれない。しかし，国語デジタル教科書も負けてはいない。この教科書ならではの「よさ」は，文章にいろいろなカラーのマーカーを自由に引いたり消したりして，それぞれの役割やかかわり，重要なポイントなどを可視化することができるという点である。紙の教科書だと一度引いたマーカーは，それが特殊なインクでない限り，消すことができない。対する国語デジタル教科書は，何度でもマーカーを引き直すことができるし，閉じるときには自動で保存してくれる。

教材に関連した資料や解説が読むことをサポートしてくれるという「よさ」もある。読む力に課題のある子どもには，前に述べたルビや読み上げ機能が役に立つ。ついでに言えば，新出漢字も筆順が動画付きで載っているので，教壇の先生が子どもたちの前で指を差し上げて鏡文字を書いてみせる苦労もいらない。

　とはいえ，こういう「よさ」はデジタルという電子的な機能のお手柄であって，「読むこと」の本質から言えば，しょせん付録的なものではないか？こんな反論がありそうだ。

　しかしながら，2016年あたりから国語デジタル教科書にそなわるようになった付帯機能は，「読むこと」の質を変えると思われる。それは，教科書の文章の必要な部分をコピーしてワークシート画面（光村図書出版社版では「マイ黒板」と呼ばれる）に貼り付け，その役割やかかわりを把握したり考えたりするという機能である。例えばある物語を読むとき，登場人物の会話文だけを取り出し，それらが彼・彼女の心の動きをどのように描き，どのように移り変わっているか，ワークシート上で位置関係をずらしたり，気付いたことを書き込んだりしながら読むことができるようになる。説明文では，段落間の構造や問いと答えの対応関係を，図式的にとらえることができるようになる。写真の女の子は，本文の前と後に書かれた文章が，同じことを言っているのに気が付いている。

　言葉は前から後ろへと，一本のレールを走るように記されている（線条性という）。このレールをきちんとたどりながら，何が記されているかじっくりと丁寧に理解するのが「読むこと」の基本である。国語デジタル教科書でもこの原理は変わらない。しかし，上に示した機能は，子どもたちに教科書の文章を2次元平面で視覚的にざっくりと理

「マイ黒板」を使用している様子

解する活動を促すことになる。言葉の意味や働きを丁寧に押さえる「たどり読み」に，全体を俯瞰して組み立てや関係をとらえる「ながめ読み」が付加されたのである。

　もとより紙の教科書でもこういう「読み」ができないことはないし，実際にノートなどで文章を構造化する実践は，古くから行われている。けれども国語デジタル教科書は，教科書そのものがこのような「読み」を教科書として提供しているのだ。この「ながめ読み」（斜め読みではない！）は，例えばネット・サーフィンをしながら情報を収集する際に威力を発揮する。

❹学びの時間と空間をあやつることができる

　先ほど述べた保存機能。これが国語デジタル教科書でないと実現できない大きな特長の1つである。紙の教科書の場合，前の授業で書き込んだメモやマーカーは，消してしまうと二度と元には戻らない。前はここに注目してこんなことを考えていたという学びの軌跡は，頭の中の記憶に頼るしかない。これに対して国語デジタル教科書では，その日の授業でマーカーを引いたり書き込んだりした内容が保存され，後の授業で呼び出すことができる。前の時間にピンク

のマーカーで色付けしておいた部分が再現され，どういう考えでそうしたのか，客観的に確認することができるのである。また，「マイ黒板」のようなワークシートは，同じ画面に10回分の書き込み内容が層をなして保存できるようになっている。これを使うと過去の学びを自在に行ったり来たりすることができる。紙の教科書でも，ノートやプリントを見返したりすれば同じような効果を得ることができるかもしれないが，教科書とは異なる媒体を使わないことにはできないところに限界がある。国語デジタル教科書の場合，教科書それ自体がワークシートと一体化しているのである。

国語デジタル教科書は，時間と同様に，空間についてもあやつることができる。ただしこれには環境上の整備が必要である。それは，子どもたちの国語デジタル教科書が，ネットワークで外部とつながっているということだ。

級友のワークシートを共有する様子

ここで言う「外部」には2つの世界がある。

1つは，いま・ここで学び合っている級友たちである。教育支援システムを使うと，教師のもっているサーバを経由して，級友の国語デジタル教科書に書き込まれたメモやワークシートを見ることができ，教室にいる友だちが，いま・何をどのように学んでいるのか参考にすることができる。写真は，ある児童の国語デジタル教科書への書き込みをスクリーンに投影して，本人が解説をしている風景である。このとき，教室の子どもたちのタブレットにも彼の書き込みが転送されており，解説を聞きながら級友の考えを吟味できるようになっている。

余談だが，子どもたちはノートに書いた内容を互いに見せ合うのはいやがるくせに，自分のタブレットに書き込んだものになると，屈託なく紹介し合う。これまでに見てきたいろいろな学級で，ほとんど例外なくこのような姿を見かけている。

もう1つは，文字通り教室を越えた外の世界である。国語デジタル教科書では，資料のページなどに外部へのリンクが貼られており，これを通して教材に関係するサイトにアクセスすることができるようになっている。タブレットにオンライン会議システムのアプリを入れておけば，外部の人と顔を合わせて話したり聞いたりすることもできるだろう。欧米のデジタル教科書の中には，出版社が外部にアドバイザーを確保しておいて，子どもたちが自分の学びについて好きなときに尋ねることができるようになっているものもある。

新型コロナ感染症対策で，オンライン授業の取り組みは全国各地の学校に広がっている。わざわい転じて福となるではないが，近い将来，例えば説明文の筆者や物語の作者とオンラインで対面し，文章の内容やメッセージ，関連する情報などについて尋ねるなどという活動が実現するかもしれない。日本中の子どもたちからこんな申し込みが来るようになったら，当の筆者・作者にとってはたまったものではないが。

3 | 国語学習者用デジタル教科書で学びに対する見方・考え方はどう変わるか

国語デジタル教科書の４つの「できる」を見てきた。それでは，こういう「できる」があることによって，学びに対する見方・考え方はどのように変わるだろうか。次はこの点について考えてみよう。

❶みんな同じ教科書から自分だけの教科書に

冒頭で述べたように，紙の教科書は，基本的に学校から配られた「読み物」という感覚があって，子どもたちも先生も「みんな同じ」という印象でこれを手に取る。先生だけ赤い字で指導上のポイントや解説が書き込まれた教科書（俗に赤本と呼ばれる）を持ち，楽しげに授業が行われている教室（しかもそれが見つかって子どもたちから不思議がられる教室）をしばしば見かけるが，みんな同じもので同じように学ぶという見方・考え方が，紙の教科書にはある。紙の教科書でも，中には子どもたちが自分で書き込むスペースをそなえたページもあるし，余白や行間にメモや落書きをすれば，それはその子だけの教科書だと言えなくもない。しかし，紙の教科書は「制服」のようなものであって，みんな同じというイメージに変わりはない。

これに対して国語デジタル教科書は，自分好みにアレンジができると述べた。記されていることは同じだけれど，字体，ふりがなの有無，明るさ，色の反転，色カバー，ツールバーの位置などを，好きなように設定することができる。本文をマーカーやメモ書きでぐちゃぐちゃにしてもかまわない（あとでいくらでも消せる）。どれも些末なことのように思われそうだが，大切なのは，こうした設定や書き込みがすべて子どもたち自身によって行われるという点だ。人もそうだが，見た目というのは非常に大きな問題で，自分好みにアレンジされた教科書は「自分だけ」の教科書だという感覚を大いにかき立てるだろう。

国語デジタル教科書がワークシートのような学習用教材と一体化している点も，「自分だけ」感覚を刺激する。ワークシートに書き込まれた内容は，それこそ子ども一人ひとり異なっており，同じ教材文をどう読むかは，ときに多種多様なものとなる。先ほど述べたネットワークを使えば，その多種多様な姿がこれでもかという感じであらわになるだろう。

国語教科書に対するイメージが「みんな同じ」から「自分だけ」に変わると，おそらく学びのイメージも影響を受けるに違いない。同じ教材文を同じ方法で学び，同じ答えを得るという授業が，これまで多くの教室で行われてきた（いる）。けれども国語デジタル教科書を手に取った子どもたちは，目の前の教材文を自分のやり方で学び，人によってさまざまな答えのあり得ることを踏まえて課題に向かうという態度が，いやおうなく求められることになる。それによって，国語の学びで大切なことは何かという点についての考え方が変わる。すなわち，国語の学びで大切なことは，先生から教えられた正解を覚えることではなく，先生や級友と相談しながら自分で考え，自分自身で学ぶことなのだと自覚するようになる（なってほしい）。

❷教え導く先生からファシリテーター（支援者）としての先生に

　小学校の教室では，子どもたちは未熟な存在だから教え諭して一人前にするものだという感覚をもった先生が多い。当然のことだ。知識・技能や倫理観，社会性が十分に育っていない子どもたちに対して，これを十分にそなえた先生が教え導くというのは大事な仕事であるし，学校教育の使命と言ってもよい。

　しかしその一方で，子どもたちがもつ知的好奇心や感受性は，花の咲いたふきのとうのようになってしまった（つまり「薹（とう）のたった」）大人など相手にならないほど純粋で豊かなことを，多くの先生は知っている。子どもたちに学ぶ楽しさの火が点くと，そのいきおいはすさまじいものがある。解明せずにいられない「問い」が自分の中に生まれて，食事中でも登下校の道中でも，トイレの中でもずっと考え続けている子どもを，筆者は数多く見ている。

　国語デジタル教科書の活用によって，子どもたちが「自分だけの教科書」という感覚をもつようになると，こうした「問い」に出会う機会は劇的に増えるだろう。例えば国語デジタル教科書を用いて行われた授業で，こんな風景に出会った。

　「アップとルーズ」という撮影技法の長所・短所について書かれた説明文をマーカーで色分けして，それぞれの長所・短所を整理しようという授業である。A君が指名されて教壇に立ち，スクリーンに投影された彼の書き込みを指さしながら，自分がどう考えたのかを説明していたときのこと。筆者のそばにいたS君は級友の説明に耳を貸さず，自分の国語デジタル教科書とにらめっこをしている。そして，指定されたマーカーの色とは違う色を選び，本文に傍線を引いている。「お友だちの説明をちゃんと聞きなさい」とたしなめるところである。

　ところがよく見ると，S君の国語デジタル教科書は，説明している級友と同じ部分にはすでにマーカーが引かれており，彼はそれとは異なる文章に注目していたのである。あとで何をしていたのか尋ねてみると，「長所・短所で色分けできなかった文章はどういう役割があるのかなって考えていた」とのことだった。

　級友が話しているときに耳をかたむけるというのは，社会性の育成にとっては大切なマナーである。だが，自分の中に生まれた「問い」を探究せずにはいられないS君の知的好奇心も，ものすごく大切にしたい学びの姿だ。

　国語デジタル教科書を活用すると，このような事態が続出する。そのとき，先生が「自分は教える立場だ」という信念に凝り固まっていると，S君のような子を見ると舌打ちすることになる。一斉授業で進める学びの中でも，子どもたちはそれぞれに「問い」や関心をもって素材に向かっている。この事実を尊重し，彼らの知的好奇心をそそり，学びに火を点ける先生であるためには，教え導く存在からファシリテーター（支援者）としての先生へと意識を変える必要がある。横文字で記すと何だか難しそうだが，簡単なことだ。何もかも自分で統制するという「身体」をほぐし，授業に集中していないように見える子どもが何をし，何を考えているのか，想像するように心がけてみるとよい。これを支援してくれるのが国語デジタル教科書だ。

❸序列の結果評価から個別の可能性評価に

　国語デジタル教科書によって促進される学びは，子どもたちがそれぞれの知的好奇心をもっ
て向かう言葉の学びである。こういう認識に立つと，おのずから変化を余儀なくされるのが，
評価観だ。テストやルーブリックで子どもたちの到達度を序列化し，そのスコアによって国語
学力を測定するという方法の限界と弊害に，多くの先生は気づくだろう。

　もちろん，子どもたちが自分の学びの達成状況を知るための資料として，テストやルーブ
リックのスコアを参考にする姿勢はあってよいし，むしろ必要である。

　けれども，それらはあくまでも子どもたちが自分の学びをよりよくしていくための情報であ
って，テストで何点取れたかがその子の「出来」を決定する勲章や烙印ではない。あらかじめ
設定された到達度テストによって子どもたちの出来具合をラベリングする評価がもたらす最も
大きな害悪は，それによって烙印を押された子どもよりも，優秀だと賞賛された子どものほう
により多くもたらされることが，さまざまな教育学者によって指摘されている。「90点も取れ
たね。すごいねえ」と褒められた子どもは，「低い点数だと軽蔑される。次も高得点を取らな
ければならない」というプレッシャーに襲われる。その結果，知的好奇心は減退し，学びとは
苦しくつまらないものだという感覚が増幅していくのである。

　国語デジタル教科書が子どもたち一人ひとりの学びを大切にし，それを互いに交流させなが
ら成長するための道具として活用される教室では，何をどのような観点で評価するのかは個別
に設定することになる。そして，結果としてどこまで到達したのかが大切なのではなく，何が
分かり・できるようになっているのか，何がまだ分からず・できないでいるのかを，子どもた
ち自身が知ることこそ，最も大切な「評価」なのだと理解することになるだろう。それは結果
を査定する評価ではなく，子どもたちの成長可能性を応援するための評価なのである。

4 ｜ おわりに

　念のために言っておくが，国語デジタル教科書は万能の教科書ではない。というか，世の中
に長所だけで埋め尽くされたものなど1つも存在しない。電子的な道具である国語デジタル教
科書がもつ最大の欠陥は，これが「機械」だという点にある。筆者は永年，大学でコンピュー
タ利用教育を担当してきたが，授業の初めにこんな合い言葉を学生たちに唱和させている。

　「機械は便利で意地悪だ！」

　機械物は必ず壊れる。それもラブストーリーのように大事なときに限って「突然に」，だ。
これまでに見てきた教室でも，タブレットが固まって再起動を余儀なくされたり，ネットワー
クがつながらずに混乱したりする場面を何度も見てきた。機械の不具合は，それが教科書だけ
に学びをも断線させてしまう。ただ，こういう負の部分をどう乗り越えていくか，そこにもデ
ジタル教科書ならではの学びがあるかもしれない。

国語学習者用デジタル教科書の
デジタル教材を活用した教育方法

日本大学教授・中橋　雄

1 | デジタル教科書とデジタル教材の関係

　文部科学省は，「学習者用デジタル教科書の効果的な活用の在り方等に関するガイドライン」において，学習者用デジタル教科書とデジタル教材について，次のように説明している。（文部科学省，2018）

> 今般の学校教育法等の一部改正等により制度化された学習者用デジタル教科書は，紙の教科書と同一の内容がデジタル化された教材であり，教科書発行者が作成するものである。このため，動画・音声やアニメーション等のコンテンツは，学習者用デジタル教科書に該当せず，これまでの学習者用デジタル教材と同様に，学校教育法第34条第4項に規定する教材（補助教材）であるが，学習者用デジタル教科書とその他の学習者用デジタル教材を一体的に活用し，児童生徒の学習の充実を図ることも想定される。

　また，図1のように，「紙の教科書や学習者用デジタル教科書等の概念図」を示している。

図1　紙の教科書や学習者用デジタル教科書等の概念図（文部科学省，2018）

　こうした「学習者用デジタル教科書」と「デジタル教材」の定義・概念に基づき，2021年現在，教科書会社が販売している「学習者用デジタル教科書」の中には，紙の教科書の内容のみのものもあれば，それと一体的に活用することができる「デジタル教材」が組み込まれたものが存在している。

同ガイドラインでは，「学習者用デジタル教科書」を「デジタル教材」と一体的に使用することにより可能となる学習方法として，次の4点が例示されている。

> 1　音読・朗読の音声やネイティブ・スピーカー等が話す音声を教科書の本文に同期させ
>   つつ使用する
> 2　教科書の文章や図表等を抜き出して活用するツールを使用する
> 3　教科書の紙面に関連付けて動画・アニメーション等を使用する
> 4　教科書の紙面に関連付けてドリル・ワークシート等を使用する　等

　本SECTIONでは，この「学習者用デジタル教科書」と一体的に使用することが想定されている「デジタル教材」の部分に焦点をあて，具体的にどのような学びを提供してくれる可能性があるのか確認する。そして，国語学習者用デジタル教科書のデジタル教材を活用した教育方法について考察する。

　本書CHAPTER2で詳しく紹介されることになるが，光村図書出版「学習者用デジタル教科書＋教材」国語（令和2年度版）には，紙の教科書の内容と「道具」として「けす・ふせん・スタンプ・わく・せん・ペン」の機能がある。また，「まなぶ」というメニューの中には，「マイ黒板」「思考ツール」「言葉のたから箱」「ワーク」「漢字」といったツールやコンテンツが収められている。ここでは，この中でも各単元の内容に即した多様な内容が含まれている「ワーク」について検討する（図2）。

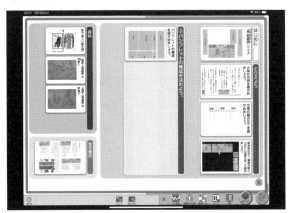

図2　ワークの選択画面

2 │ デジタル教材は，どのような学びを提供してくれるのか

　デジタル教材には，具体的に，どのようなものがあるのだろうか。また，どのような効果を期待することができるのだろうか。さらに，その効果を引き出すためには，どのように活用す

ればよいのだろうか。

　以下では，「6年生用のデジタル教材」に含まれる教材の具体例をいくつか挙げながら，国語学習者用デジタル教科書のデジタル教材を活用した教育方法について考察する。

❶筆者に対する理解を深める学び

　まず，教材文の筆者や作者と出会えるインタビュー動画を視聴することができる教材がある。例えば，「メディアと人間社会」には，筆者であるジャーナリストの池上彰氏のインタビュー動画が収録されている（図3，図4）。その中では，ジャーナリストの仕事をしていることとメディアの発達の歴史を簡単に説明したあと，「自分の思いを人に伝えたい，そういう思いから，メディアというのは発達してきたんだよということ，それをまずは伝えたかったですね」と，この文章を書いた思いについて語っている。

　文章を書いている筆者には，どのような背景があり，どのような思いをもって書いたのか知ることで，文章の意味を理解しやすくなるだけでなく，文章の構成や表現に筆者の思いや意図があることまで意識して深く読み解くことができるようになると期待できる。しかし，単に動画を視聴するだけでは，教科書の紙面と関連付けた学びを実現することはできないだろう。

　学習者が，本文を読んだあと，この動画を視聴することで，筆者の思いが読み取れていたか確認したり，その後，あらためて本文を読むことで理解が深まったか確認したりして関連付ける教師の指導が重要になると考えられる。

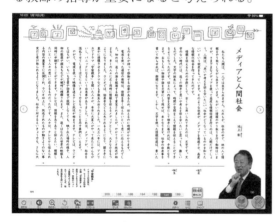

図3　デジタル教科書の本文

図4　動画教材

❷抽象と具体を往復する学び

　ワークの中には，作品の理解を深める写真や資料動画が収録されている。例えば，題材「森へ」の資料として，本文に登場する「ハクトウワシ」「ザトウクジラ」「ツンドラ」「アカリス」「トウヒ」の画像が準備されている（図5，図6）。これらは普段，実物を目にすることがないため，文字だけ見てもイメージすることが難しい。

しかし，画像があることによって，実物に近い具体的なイメージと抽象度の高い言語を往復させることができ，文章の理解を助けるだけでなく，構造化された知識の定着を期待することができる。「説明を読む」ボタンを押すことで，特徴的な点の説明文章が表示される。例えば，「ハクトウワシ」であれば，「頭と尾が白い，大形のワシ。サケなどの大きな魚をつかまえて食べる。全長九十センチメートルほど。」というように，外見の特徴や食べるものなどについての説明が表示される。画像の解像度は高く，くちばしや爪の鋭さなど，拡大して細部まで見ることができる。

　では，こうした豊富な資料があれば，国語の授業がよいものになるかというとそうとは限らない。豊富な情報は，時として人から思考する行為を奪うことがある。わかったつもりで，わかっていないということに陥る危険性を孕んでいる。そうならないために，教師による思考を促す問いかけが必要になる。

　上記の例で言えば，画像資料を見る前に本文からどんな生き物なのか想像させることや，画像についている説明を見る前に画像の細部から特徴を文章化させてみることなど，こうした資料を有効に活用する授業デザインを検討することが重要だと言える。

図5　デジタル教科書の本文

図6　画像資料

❸発表や対話に関する学び

　ワークの中には，発表や話し合いの仕方を説明している動画教材がある。例えば，単元「聞いて，考えを深めよう」には，4人の登場人物が「学習ではシャープペンシルよりも，えんぴつを使ったほうがよい」という話題について，賛成・反対の意見を話し合っている動画が収録されている（図7，図8）。動画では，「自分の考えと比べながら聞く」「理由や事例が，適切かどうかを確かめながら聞く」「目的や話題に沿った意見かどうか確かめながら聞く」など，「話を聞き合い，考えを深めるために気をつけること」について説明されている。

　実際に話し合いをすると話し合うこと自体に集中してしまいがちな学習者でも，動画であれば「話を聞き合い，考えを深めるために気をつけること」を意識することができると期待でき

る。また，話し合いの内容を聞き逃しても何度も繰り返し視聴できるところに動画教材の良さがある。しかしながら，漫然と動画を視聴してもポイントを意識できるようになるとは考えにくい。

実際に自分たちが話し合う際に意識するということを前提として分析的に視聴させることや，ポイントを書き出させることなどの工夫が有効であると考えられる。さらに，実際に話し合いをしたあと，そのポイントを意識したことでうまくできた点を発表させるといった授業デザインを行うことが重要になるだろう。

図7　デジタル教科書の本文

図8　動画教材

❹分類することで思考を促す学び

ワークの中には，イラストや図表を動かしながら考えることができる「動かすワーク」がある。教科書の本文の構造を捉えたり，言葉の使い方を比較して捉えたりすることで，言葉や理解を深めたり，文章の読み解きを深めたりできると期待できる。例えば，「話し言葉と書き言葉」のワークでは，画面に，話し言葉と書き言葉それぞれの特徴が書かれた10枚のカードが表示される（図9，図10）。そして，「次のカードは，話し言葉と書き言葉のどちらの特徴を表しているでしょう。」という課題に対して，学習者が，カードを分類していく。

分類するためには，書かれていることを根拠にして，思考し，判断する必要がある。話し言葉の特徴と書き言葉の特徴をただ読んで理解しようとするよりも，記憶に残りやすくなると期待できる。教師の側からは，学習者の理解を確認できるとともに，理解できていないところを発見することができる。しかしながら，学習者が，あてずっぽうで分類してしまうようなことがあると，正しく理解できているように見えて，全く理解できていないということも起こりうる。

根拠を書き込ませたり，なぜそのように考えたのか問いかけたりするなど，結果だけでなく思考のプロセスを確認する指導を行うことが重要になると考えられる。

図9　デジタル教科書の本文

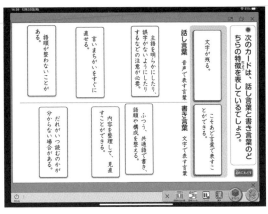

図10　動かすワーク教材

❺文章の内容と構造を把握する学び

　段落ごとのまとまりや書かれていることについて，全体像を把握しやすくするためのワークがある。例えば，「『鳥獣戯画』を読む」では，「初め，中，終わり」のまとまりや，「話題，説明，筆者の考え」が書かれているのはどこか考えを表すためのワークが準備されている（図11，図12）。

　こうしたワークによって，内容と構造を把握することができるようになると期待される。しかしながら，「初め，中，終わり」のまとまりの見つけ方や，「話題，説明，筆者の考え」の違いを判断するための方法を知らなければ，考えを示すことはできたとしても，確かな理解には到達できない。

　判断する方法について解説した上で取り組ませ，学習者に考えを発表させた上で，他の学習者から「判断する方法とのズレ」を指摘させるといった学習活動を行うことが重要になる。

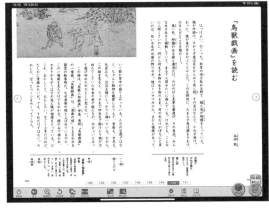

図11　デジタル教科書の本文

図12　本文の構造を捉える教材

❻探索的に読み，関連付けて整理する学び

　教科書紙面から本文や挿絵・写真を抜き出して自分の考えをまとめることができる機能「マイ黒板」を用いるワークもある。例えば，「海の命」の文章に対して「『太一』を取り巻く人物たちは，『太一』にどんな影響を与えたのでしょうか。それが分かる言葉や文をぬき出して，整理しましょう。」というマイ黒板のワークが準備されている（図13）。

　複数の登場人物の関係に関する叙述を探索的に読み，整理することで，深い読みへと誘うことが期待できる。しかしながら，何を手がかりに探索的に読めばよいのか，どのような形で整理するのがよいのかといったように，考え方やまとめ方がわからなければ，学びを深めることはできない。

　整理した画面を他の学習者と比較させ，自分の考え方やまとめ方の違いから参考になる点を学ぶ機会をつくるとともに，学習者のよい考え方やまとめ方を教師が価値付けして解説するような授業をデザインすることが重要である。

図13　デジタル教科書の本文とマイ黒板のワーク

❼型を参考に文書構成を考える学び

　目的に応じた文章の型を学ぶワークがある。例えば，書くことの単元「大切にしたい言葉」では，経験と考えを伝えるために，どの順序で何を書くかという文章の型について学ぶワークが準備されている（図14，図15）。「選んだ言葉」「座右の銘についての説明（誰の言葉か，どこで知ったか）」「選んだ理由」「座右の銘に結び付く経験（出来事，そのときの気持ち　など）」「言葉に出会って考えたこと，感じたこと（出来事，そのときの気持ち，考えたこと　など）」「今後どのように生活していくか」と書かれているラベルをはがしていくと，その下に例文が表示される。

　ラベルで型を示すことで，何をどういう順序で書くとよいか全体の構成を把握することができる。そして，何を伝えるためにどのように書くとよいのか，具体的な例文が表示されることで，書き方を参考にすることができる。しかしながら，文章の構成を確かめることができたと

しても，それを参考にして文章が書けるようになるとは限らない。

　そのために，自分の文章を書く際にこのワークを参照させる教師の指導が重要になる。とりわけ，「全体（段落と段落の関係）」と「部分（特定の段落）」を繰り返し確認させ関係性を把握させることや「抽象的に表現された要素項目と具体的な文章表現」を繰り返し確認させ対応関係を掴ませ，自分の書いた文章の構成を批判的に検討させることが重要であろう。

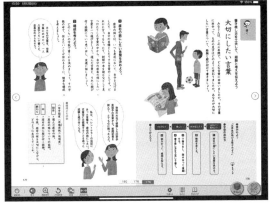

図14　デジタル教科書の本文

図15　例文で文章の型を学ぶ教材

3 ｜ 教科書と教材のよさを引き出す授業のデザイン

　ここまで見てきたように，学習者用デジタル教科書と一体のものとして活用できるデジタル教材は，さまざまな学びを提供してくれる可能性がある。一方，学習者用だからと言って，学習者がそれを保有しているだけでは，望むような成果を期待することはできない。

　そのよさを引き出し，学びを深めることができるかどうかは，教師の授業デザインにかかっている。もちろん学習者が自律的に学び続けるためにデジタル教材が活用されることは望ましいことだと考えられる。しかしながら，学習者が学びを深めるために活用できるだけの力をつけることができるような授業実践を行うことが必要であろう。

　学習者同士の相互作用を通じて学ぶことができるようになるために，生涯に渡って自律的に学び続けることができるようになるために，学んだことを探究的で創造的な課題解決の学習に活かすことができるようになるために，どのように学習者用デジタル教科書とデジタル教材を活用すべきか。「学習者用」に収録されている教材だからこそ，教師による教材研究が必要になると言えるだろう。

●引用・参考文献
文部科学省（2018）学習者用デジタル教科書の効果的な活用の在り方等に関するガイドライン（平成30年12月）
https://www.mext.go.jp/b_menu/shingi/chousa/shotou/139/houkoku/__icsFiles/afieldfile/2018/12/27/1412207_001.pdf

学習者用デジタル教科書活用の留意点って何？

東京学芸大学教授・加藤直樹

　ここでは，学習者用デジタル教科書を使う上で留意すべき点を紹介する。文部科学省が出している「学習者用デジタル教科書の効果的な活用の在り方等に関するガイドライン」にもここに記したことを含む留意点が書かれているので，参考にしてほしい。

1 ｜ 学習者用デジタル教科書と学習者用コンピュータの関係

　学習者用デジタル教科書はただ見るだけではなく，様々な書き込みを行う活動を通して，児童生徒が自分のための教科書として作り上げていくことができるものである。もちろん紙の教科書にも書き込みはできるが，学習者用デジタル教科書では書いたり消したりすることが容易であることに加え，写真や映像，音声など多彩な情報を記録できるなど，デジタルだからこそできる自分の教科書作りが可能になる。

図1　学習者用デジタル教科書への書き込み

　ここで，書き込みなど学習者用デジタル教科書へ付加した情報を保存する仕組みには，学習者用デジタル教科書の利用形態に合わせて大きく二通りある。学習者用デジタル教科書を学習者用コンピュータにインストールして利用する形態の場合は本体に保存され，ネットワーク経由でサーバにアクセスして利用する形態の場合はサーバに保存されるのが基本となる。後者の場合は，学習者用デジタル教科書を利用するためのアカウントに紐付けられて情報が保存され，どのコンピュータでアクセスしても見ることができるようになる。前者の場合は，その情報は書き込みをした時に使った学習者用コンピュータに保存されるため，ネットワークに接続することなくその情報を見ることができる一方で，別の学習者用コンピュータを使うとその書き込みが見られなくなってしまう。このことから，前者の形態で学習者用デジタル教科書を活用する環境を構築する場合は，必ず同じ学習者用コンピュータを使うようにすることが必要になる[i]。

　さらに，家庭での学習のことも踏まえて考えると，家庭でも"同じ"学習者用デジタル教科書を使えることが理想である。前者の形態の場合は，学校で使う学習者用コンピュータを自宅に持ち帰ることになる。後者の場合は自宅にコンピュータがあればそれを使えばよいという利

点がある一方で，インターネットへのアクセス環境を確保しなければならない課題がある。また，サーバを学校内に設置している場合は，家庭から校内ネットワークへのアクセスを許可することも必要になる。授業で学習者用デジタル教科書を活用すればするほど，家庭学習でも利用することが効果的になっていくと考えられるので，その環境をどのように整えるかが課題になる。これは教育の情報化全体にかかる検討事項であるが，学びの基本となる学習者用デジタル教科書の効果的な活用のためにも，自治体，学校，家庭が協力して考えていく必要がある。なお，文科省はパブリッククラウド型，インターネット上のサーバにアクセスする形態を推奨する方向に舵切りをしていて，2021年度にはほぼすべての出版社の学習者用デジタル教科書がクラウド型に対応するので，今後はクラウド型を前提にした使い方を考えていくのがよい。

2 ｜ 学習者用デジタル教科書（学習者用コンピュータ）を使う頻度に対するアドバイス

調べ学習などにおいて検索をしたり発表資料を作ったり，特定の時間でコンピュータを使うだけでも大変だったのに，学習者用デジタル教科書を使うためにずっとコンピュータを使うことになったら，操作がわからない児童生徒への対応や授業前の準備に時間がとられて授業にならない，児童生徒が授業中にコンピュータで遊び出してしまう，コンピュータがどんどん壊れてしまうと危惧している先生も多いと思う。これらはそれぞれ別個の問題にも見えるが，同じ対応で対処できる。それは日常的に学習者用コンピュータ，学習者用デジタル教科書を使うことである。

図2　授業開始直前の様子

たまに使うと，せっかく覚えた使い方を忘れてしまって最初から学び直さなければならなかったり，いつもと違う準備を行うことになるためになかなか授業を開始できるところまで整わなかったりする。しかし，毎日使っていれば，児童はすぐに使い方を習得するし，あっという間に先生よりも上手に使えるようになる。たとえば国語の授業の最初には必ず漢字の学習をする習慣にしているクラスでは，休み時間のうちに準備をして，授業が始まる頃には自発的に学習者用デジタル教科書を使って学習を始めるという様子を実際に目にした（図2）。

最初のうちは学習者用コンピュータが珍しくて遊んでしまう児童生徒もいる。これも毎日使っていれば，そして休み時間なども自由に使ってよい形を作っていけば，授業中にわざわざ遊ばなくなる。授業がつまらなくなった時の遊び道具の一つには確かになるかもしれないが，そ

れは学習者用コンピュータに限ったことではない。そして，このように毎日使っていると“自分のコンピュータ”という意識を持つようになり，大事に使うようになって壊れることも少なくなる。私の経験では壊すのは先生の方が多い。

3 ｜ 学習者用デジタル教科書の日常的利用のための留意点

　学習者用デジタル教科書は学校教育法の一部改正によって教科用図書（いわゆる教科書）に代えて使用することができるようになった。

　教科書の代わりに学習者用デジタル教科書を使う上で留意しておかなければならない点が二つほどある。一つは，学習者用コンピュータが使えなくなってしまった時の留意点である。これには，サーバにアクセスして利用する形態でネットワークが不調になるなどして全員が利用できなくなる場合と，児童生徒が学習者用コンピュータを忘れた，学習者用コンピュータが故障したという場合の二通りがある。

　前者については正直対処方法はない。このようなことを言うと，だから情報機器など使いたくないと言われてしまうが，停電したらなにもできなくなるからと言って，コンピュータを業務に取り入れない企業はないかと思う。あえて対処方法を言うとしたら，そのようなことが起こらないように自治体や学校でインフラの整備を日頃からしっかりしておくことであろうか。一方の後者については，予備の学習者用コンピュータを用意しておくことで補うことができる。サーバアクセス型であれば他のコンピュータを使ってもいつもと同じように自分の学習者用デジタル教科書にアクセスできる。もちろん，紙の教科書をバックアップとして用意しておくのでもよいが，紙の教科書と学習者用デジタル教科書では，できる活動が異なってしまうので，予備の学習者用コンピュータを用意しておくことが最適な対処方法である。

　もう一つの留意点は，紙の教科書との併用に関してである。私は学習者用デジタル教科書を使い始めたら紙の教科書は必要なくなると思ってはいるが，紙の教科書を使いたい場面がある先生もいるかと思う。この時，たとえば学習者用コンピュータを持ち帰りにしている場合に紙の教科書も今まで通り持ち帰りにすると，学習者用コンピュータと教科書両方を持ち運ぶことになってしまう。紙の教科書だけでも重かったのに，そこに学習者用コンピュータが加わったら発達途上にある児童生徒の体に悪影響を与えかねない。学習者用コンピュータを持ち帰りにするのであれば，紙の教科書は学校に置いておくといった対応が必要かと思う。

4 ｜ 学習者用デジタル教科書の活用に必要な他の機器やソフトウェア

　児童生徒が学習者用デジタル教科書を利用する授業を行う際には，学習者用コンピュータ以外の ICT 機器，そしてソフトウェアが必要になることもある。その中で大型提示装置は重要

な機器である。たとえば児童生徒の発言に合わせて教科書紙面に書き込みをしながら授業をする際には欠かせないものになる。この時，児童生徒による学習者用デジタル教科書への書き込みと同じように指タッチやペンで入力できる電子黒板がより有効である（図3）。児童生徒がいろいろ書き込みをした自分の学習者用デジタル教科書の紙面を他の児童生徒に提示しながら発表する時も大型提示装置は不可欠である。

図3　デジタル教科書と電子黒板を
組み合わせて利用している様子

　また，学習者用デジタル教科書の一部分を利用して発表資料を作ったり，（デジタル）ノート作りをしたりするためには，そのための機能が組み込まれた学習者用デジタル教科書もあるが，一般的にはプレゼンテーションソフトウェアやワードプロセッサソフトウェアなどの別のソフトウェアを使うことになる。そして，それらを児童生徒間で交換したり共有して見合ったりする場合にも授業支援または学習支援ソフトウェアと呼ばれるシステムが必要になる。学習者用デジタル教科書を使う授業のスタイルに応じて，これらの機器やソフトウェアを用意することを検討したい。

　なお，（現状の）学習者用デジタル教科書には一部分を切り抜いて外部のソフトウェアに渡す機能はないため，画面キャプチャを撮って貼り付けるしかない。この技は（履歴を保存する機能がない学習者用デジタル教科書で）書き込みを消して新たな書き込みをしたい時にそれまでの書き込みを取っておきたい場合にも利用できるので，早めに児童生徒に慣れさせるとよい。

　加えて，小物として，児童生徒が使うためのヘッドホン（イヤホン），学習者用コンピュータで用いることができるモバイルバッテリーも必須のアイテムである。学習者用デジタル教科書には，音声コンテンツや動画コンテンツなどのデジタル教材が含まれている。個人活動等で各児童生徒がそれを再生する場合，ヘッドホンを使わないと教室が騒がしくなり音声も聞き取りづらくなってしまう。また，先に記した学習者用コンピュータが使えなくなってしまう原因としてもう一つバッテリー切れがある。予備の学習者用コンピュータを使う手もあるが，モバイルバッテリーがあれば自分の学習者用コンピュータを使い続けることができる。ヘッドホンは児童生徒ごとに自分用のものを用意するのがよいが，モバイルバッテリーはクラスごとに数個あれば十分だと思う。

5 ｜ 学習者用デジタル教科書のライセンスと著作権

　学習者用デジタル教科書は児童生徒一人に一つの利用ライセンスが必要であり，現状では学習ドリルなどと同様に購入が必要である。大型提示装置に表示して児童生徒に提示することは

認められるが，紙面からキャプチャ（複製）したものを配布することなどを，１ライセンスだけ購入して行うことは認められない。また，ほとんどの教科書出版社の学習者用デジタル教科書のライセンスはユーザライセンスと呼ばれる個人に紐付くものである。たとえば同時に使うのは１クラス40人だから40ライセンスだけを購入して，複数のクラスで使い回すことはできない。漢字ドリルを１クラス分40冊だけ購入して，３クラス120人で共有するようなことが認められないのと同様である。

　ライセンスをきちんと有していれば，紙の教科書と同一の部分について教科書本来の目的に沿った利用をすることは自由に行える。これには，遠隔授業などで学習者用デジタル教科書の画面を配信することも含まれるが，紙の教科書と同一ではない（デジタル教材の）部分を配信する際には，補償金[ii]の支払いか著作者に許諾を得る著作権処理[iii]が必要になることに気をつけたい。一方，著作権法35条の条件に収まる範囲内であれば，デジタル教材の部分も含めて，学習者用デジタル教科書を活用して教材を作成したり児童生徒が発表のための資料などを作ったりすることができる。しかし，その資料をサーバに置いて配信したり共有したりするなど自動公衆送信に該当することを行う場合には，やはり補償金の支払いか許諾を得る必要がある。なお，学習者用デジタル教科書をはじめとして，その他の教材を改変することなく転載する場合は，情報教育の観点からも "引用" として利用することを学ばせることも重要である。

表1　学習者用デジタル教科書の利用における著作権との関係

	紙の教科書と同一部分		教材の部分
	教科書本来の目的で利用する場合	左記以外	
（A）教室での上映や演奏	○	○	
（B）35条の範囲内（自動公衆送信を除く）			
（C）35条の範囲内（自動公衆送信）		要補償金又は要許諾	
（D）上記以外		要許諾	

*2021年2月現在

6 ｜ 健康への留意

　学習者用デジタル教科書に限ったことではないが，学習者用コンピュータを日常的な文具として利用しようとする時に必ず危惧されるのが健康への影響である。ガイドラインには，目と学習者用コンピュータ画面との距離を30cm程度以上離すよう指導することとある。これは，目が見ている対象に近いと，寄り目になったり片目で見てしまったりして目の疲労につながる

からである。ただし，「目を離しなさい」と指示するだけではだめである。目を近づけてしまうのは見ている対象が小さいことが主な原因である。つまり，目を離させる指導をするのではなく，30cm程度離しても"読める"ように表示させる指導が効果的である。学習者用コンピュータの画面を大きくすることが一つの解決策だが（図5），購入してしまったコンピュータを買い換えることはできないし，大きすぎるコンピュータは持ち運びが大変になってしまう。学習者用デジタル教科書には拡大縮小機能がついているので，この機能を用いて，たとえば本文を読んでいる時には本文の領域が画面に収まるめいっぱいまで大きくする，図を見ている時には図を大きく表示することを教えるとよい（図6）iv。

図4　学習者用デジタル教科書を用いた音読の様子

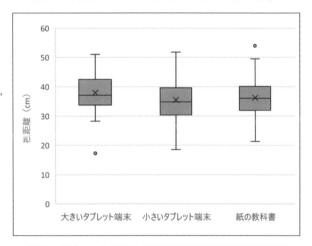

図5　タブレット端末と紙の教科書での音読時の視距離
（[1] より引用）

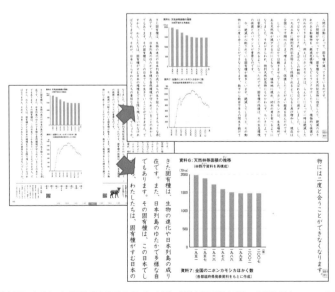

図6　学習者用デジタル教科書紙面の拡大表示（光村図書出版　国語5年　pp.144-145より）

また，窓から入ってくる陽の光や天井にある蛍光灯が学習者用コンピュータの画面に映り込んでしまうことも，見難さ，そして目疲れに繋がる要因になる。窓にブラインドをつけたり間接照明にしたりすることが根本的な解決だが，そう簡単にできることではない。学習者用コンピュータのディスプレイがグレア液晶の場合は，反射防止のフィルムを貼ることで反射を低減することができる。画面の角度を変えることでも映り込みの影響を減らすことができる。

　加えて，目疲れの防止として，30分に1回は目を休ませる時間を作るとよいとのことなので，学習者用コンピュータを使い続けるような授業の場合には，途中で目を休める時間を設けるようにするとよい。なお，家庭学習でも学習者用デジタル教科書を使う場合，睡眠前にコンピュータ画面などの明るい光を見ると睡眠リズムが崩れるという報告も多くあるので［2］，そのような使い方を控えるように指導することも大切である。

［1］丁嘉欣，山崎寛山，柴田隆史：中学生の音読における教科書までの視距離—紙とタブレット端末の比較—，日本デジタル教科書学会発表予稿集，Vol.9, pp.43-44（2020）
［2］Anne-Marie Chang, Daniel Aeschbach, Jeanne Duffy, and Charles Czeisler: Evening use of light-emitting eReaders negatively affects sleep, circadian timing, and next-morning alertness, PNAS, vol.112, No.4, pp.1232–1237（2015）

i 学習者用コンピュータの二次記憶装置（HDD や SSD）の容量が少ない場合，インストールできる学習者用デジタル教科書の量や保存できる情報量に制限が発生することに注意が必要です。
ii 著作権法第35条2にかかる補償金で，これを支払うことによって35条で認められる範囲で著作物を公衆送信することができるようになります。なお，支払いは教育機関の設置者が行うものであり個人で支払うものではありません。
iii 教科書の著作権処理は「一般社団法人　教科書著作権協会」が窓口になっています。
iv 拡大縮小を行うとページめくりがしにくくなる欠点があります。今後のビューアの改善を期待するところです。

学習者用デジタル教科書の
研修例とは？

北陸学院大学教授・村井万寿夫

1 | 2つの研修形態について

❶集合研修

　集合研修とは，対象教員が教育センターなどに集まり，指導主事やエキスパート教員が講師役となって研修する形態であり，従来から行われてきている。しかし，新型コロナウイルス感染症を避けるため（以下「コロナ禍」），集合研修は母集団をいくつかのグループに分けて行うか，学校単位で行うようになってきている。

　学習者用デジタル教科書についての研修は，指導にあたる教員自身がどんなものかを知ることがいの一番であり　その場で講師に聞いたり，参加者同士で意見交換したりしながら，授業活用の仕方を共有できるメリットがあると言える（図1）。

図1　集合研修の様子

❷オンライン研修

　集合研修の代わりに多くなってきているのがオンライン研修である。コロナ禍において3密を回避するため，研修対象の教員は所属する学校に居ながらにしてテレビ会議アプリで繋がり，ホスト役の講師から話を聞いたり，動画像などを視聴したりする研修形態である。

　コロナ禍においていくつもの Web 会議システムが登場していて簡便に使えるため，学習者用デジタル教科書を子どもたちがどのように使っているか実際の写真や動画などで紹介することができる。また，参加者も同様に写真や動画などを紹介することができるので，集合研修と同様のメリットがあると言える（図2）。

図2　オンライン研修の様子

2 | 研修企画のポイント

❶研修体系図

　集合研修にしてもオンライン研修にしても，学習者用デジタル教科書がどんなものであるかを知ってその使い方を習得したり，実際の授業でどのように活用するかについて学んだりするということは共通である。したがって，図3に示すような研修体系図を基に研修を企画することが考えられる。

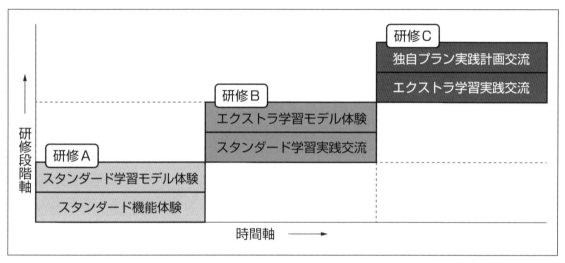

図3　学習者用デジタル教科書活用研修のための体系図

❷研修Aの企画

　「スタンダード機能体験」は，子どもたちが使う学習者用デジタル教科書の基本的な機能を操作しながら体験する研修である。基本的な機能とは，文字を拡大する，ページをジャンプする，音読を聞く，本文に線を引く，付箋を付けるなどを指す。

　「スタンダード学習モデル体験」は，講師によるスタンダード機能を活用した学習モデル（お勧めの学習）を教員が追試的に体験することである。

　この2つの研修を企画する場合，「知って」「使って」「考える」をキーワードに，まず基本的な機能を「知って」，次に自分で直接「使って」，そして学習にどう使うか「考える」という組み立て方がお勧めと言える。集合研修では「使って」「考える」場面においてはグループワークを取り入れるように企画する。オンライン研修ではグループワークができないので，参加者の理解の状況をどのように確認するか，例えば，質問の時間を設定したり，Web 会議システムのチャット機能を使って質問を受け付けたりするなどを組み込むようにする。

❸研修Bの企画

　「スタンダード学習実践交流」は，研修Aで「知って」「使って」「考えた」ことを基に，自己の授業で学習者用デジタル教科書を活用した事例を紹介し交流する研修である。この研修では，学習者用デジタル教科書が標準的に備えている機能，「大きくする」「ジャンプ」「聞く」などに加え，【どうぐ】を使って本文に線を引いたり，線を引いた箇所に書き込んだり付箋を付けたりすることなどを指す。

　「エクストラ学習モデル体験」は，【まなぶ】機能にある「マイ黒板」を活用した学習モデル（お勧めの学習）を追試的に体験することである。マイ黒板は，読み取った文を切り取ってマイ黒板エリアに張り付け，読み取った訳を自分の言葉で書いてカード化したり，切り取った文と文を線で結んで自分なりに関係付けたりすることなどができる機能である。操作は簡単で，本文中の文を指先やペンで線を引くだけで，自動的に黒板エリアに張り付けることができる。

　この2つの研修を企画する場合，集合研修では「スタンダード学習実践交流」と「エクストラ学習モデル体験」をセットにすることがお勧めである。

　オンライン研修でもセットで企画してよいが，分けて企画することもよいだろう。いずれにしても実践交流をどのように行うか，例えば，事前に実践発表者を決めておき，Web会議システムで発表資料を「共有」することを試すことも企画に入れておくようにする。また，マイ黒板の説明は，同じことを何度か繰り返して行うことも企画に入れるようにする。さらに，研修Aと同様に質問の時間を設定したり，チャットで質問を受け付けたりするなどを組み込むようにする。

❹研修Cの企画

　「エクストラ学習実践交流」は，研修Bによって習得した「マイ黒板」の機能を使った学習例について紹介し交流する研修である。この研修では，参加者が互いにマイ黒板の具体例を紹介し合って，自己の授業に生かすことができるようにすることが目的となる。このため，実際の学習で子どもたちが作成した「マイ黒板」のいくつかを用意しておくことや，学習者用デジタル教科書ならではの学習効果を共有するための場を設定することを企画に入れるようにする。

　「独自プラン実践計画交流」は，「エクストラ学習実践交流」によって習得したいろいろな活用方法を基に自分なりの授業プランを立てて実践するための計画を立て，それを紹介し交流する研修である。

　この2つの研修を企画する場合，集合研修でもオンライン研修でも，分けて企画することをお勧めする。「エクストラ学習実践交流」によって研修したことを基に「独自プラン実践計画」を立てるため，一定程度の間隔を空けて，参加者一人ひとりが独自プランを練る時間を確保するようにする。また，独自プランを書き表すための書式を統一するか，自由書式にするかについても企画の段階で検討するようにする。

❺状況を把握した企画の必要性

　学習指導にあたっている対象教員の学習者用デジタル教科書の利用状況を把握した上で，研修を企画することが重要である。それは，対象教員が学習者用デジタル教科書を使ったことがあるかないか，所属校に学習者用デジタル教科書が導入されているか否か，これらによって研修内容が異なってくるとともに，図3で示した「研修段階」も異なってくるからである。

　学習者用デジタル教科書を使ったことがあったり所属校に導入されたりしている場合には，学習者用デジタル教科書のどのような機能を使ったことがあるかについても事前に把握しておくようにする。その結果，グループを分けて企画したり，同じ内容でもレベル分けをしてそれを参加者が選択できるように企画したりする。これによって参加する教員にとって「明日の授業」に活用できる研修になると考える。

3 ｜ 研修に参加して得られたこと

　筆者は，学習者用デジタル教科書活用に関する研修会「ことばと学びをひらく会第13回研究大会」（2019年10月19日慶應義塾大学三田キャンパス）のワークショップ『体験！学習者用デジタル教科書──「主体的・対話的で深い学び」を実現する』（担当：中川一史氏）に参加した。

　国語科の学習者用デジタル教科書活用を体験して得られたことを3つの観点から紹介する。なお，各項目末尾に括弧書きで，集合研修向き（集），オンライン研修向き（オ）を示す。

①初心者としてストレスを感じたこと
  ・「理論編」と「活用事例」が先にあったが，その前に「操作体験」があるとよい。（集・オ）
  ・操作体験してから理論や活用事例を聞くとよく分かり，初心者であってもこうして使ってみたいという意識になった。（集・オ）
②経験者に配慮すべきこと
  ・先にグループワークを入れるとよい。3，4人グループを編成し，互いの活用例について学習者用デジタル教科書を使って紹介し合う。（集）
  ・講師役は各グループを回りながら次のプログラムにどう反映させるか考えるとよい。（集）
③研修のバリエーションについて
  ・学習者用デジタル教科書を初めて使う場合と，ある程度の活用経験がある場合の2つのバリエーションがあるとよい。（集・オ）
  ・初心者対象では体験を重視し，経験者対象では交流を重視する。この両方が研修方略には必要である。（集・オ）

4 | 研修のプログラム例

前項までに述べた「研修企画のポイント」および「研修に参加して得られたこと」を基に，研修のプログラム例について紹介する。

❶研修の構成要素と内容

研修のプログラム化には，汎用性の高い客観的な構成要素が必要である。そこで，「講義」，「実技」，「ワークショップ」の３つを設定する。筆者がワークショップ体験した際の「理論編」と「活用事例編」を「講義」とし，「操作体験編」を「実技」とする。また，グループによる交流や意見交換を「ワークショップ」とする。

さらに，学習者用デジタル教科書の研修内容を前述した「知って」「使って」「考える」のキーワードを基に次のように考えた。「知る」は「機能を知る」「活用例を知る」「授業例を知る」「模範例を知る」の４つ。「使って」は「機能を使う」「機能に慣れる」「機能を使いこなす」の３つ。「考える」は「授業を考える」「授業計画に慣れる」の２つを設定した。

以上のような３つの構成要素と９つの研修内容をマトリクス表にしたものが図４である。

	研修A	研修B	研修C
講　義	A-1　機能を知る A-2　活用例を知る	B-1　授業例を知る	C-1　模範例を知る
実　技	A-3　機能を使う	B-2　機能に慣れる	C-2　機能を使いこなす
ワークショップ	A-4　機能を使う A-5　活用例を知る	B-3　授業を考える	C-3　授業計画に慣れる

図4　研修の要素と内容のマトリクス表

❷プログラム化の例その１　―集合研修の場合―

研修内容の段階としては，研修A，研修B，研修Cの順になるが，図４を基にすることにより，対象教員の状況や学校のニーズに応じたプログラム化が可能になる。

例えば，授業活用が進んでいる学校においては，研修A～Cの各ワークショップ（A-5，B-3，C-3）を中心としたプログラムが考えられる。この場合，互いに実践例を出し合って「活用例を知る」場面を設け，それを基に自己の「授業を考える」場面を設けたあと，「授業計画に慣れる」場面を設けるようにする。これにより集合研修のメリットを生かすことができる。

❸プログラム化の例その２　―オンライン研修の場合―

　オンライン研修を想定した場合，研修をリードする講師または進行役が必要である。また，研修にどれだけの時間をあてることができるかについても考慮する必要がある。

　例えば，短時間（30分程度）の研修の場合には，対象教員の状況や学校のニーズに合わせ，研修の構成要素のどれか１つに焦点化する方法が考えられる。学習者用デジタル教科書の操作が未経験の教員対象の場合には「講義」を中心にしつつ操作体験も入れるようにしたい。この場合のプログラムは「A-1　機能を知る」と「A-2　活用例を知る」の２つになる。一定程度の時間をあてることができる場合には，研修内容（A-1～C-3）をいくつか選んでプログラム化するとよいだろう。いずれにしても図４を基にすることで対象教員の状況や学校のニーズに合わせてプログラム化できると考える。

5 ｜ プログラムの細分化の例

　図４を基にすることでプログラム化できることについて述べた。そこで，ここでは構想したプログラムを細分化する方法について述べる。

❶プログラムの細分化

　プログラムは，研修をリードする講師やエキスパート教員と，研修を受ける教員に共通するものである。したがって，学習指導案のように例えば，「ア　講師の働きかけ」と「イ　受講者の活動」に当てはまる項目に分けて書くことで細分化することができる。そして，それらの項目に対して「ウ　留意すること」を明記することでさらに細分化できる。このあと，アとイを俯瞰しながら各々にどれだけの時間が必要か考え，「エ　時間」を書き込むようにする。

❷細分化の例（書式）

ア　講師の働きかけ	イ　受講者の活動	ウ　留意すること	エ　時間
□ある学年の物語文を開くよう指示する	○指示された物語文を選ぶ	・「まなビューア」をタップする	2分
□線を引くため「どうぐ」を選ぶよう指示する	○「どうぐ」→「せん」をタップし，「しゅるい」を選ぶ	・「どうぐ」を再度タップすると初期画面に戻る	3分
□「ふせん」の活用例を提示する	○「ふせん」のいろいろな活用例を見る	・タブレット操作を一旦止めて見る	5分
□「ふせん」を使ってみるよう指示する	○「ふせん」をタップして講師の説明する順にやってみる	・活用例を再度，順に示しながら説明していく	10分

6 │ 学習者用デジタル教科書の機能について

　ここでは，学習者用デジタル教科書の具体的な画像を基に，「基本的な機能」（どうぐ）と「マイ黒板」（まなぶ）の入り口について紹介する。

❶基本的な機能…「どうぐ」の中から「せん」をタップして「しゅるい」を選ぶ

❷マイ黒板機能…「まなぶ」から「マイ黒板」をタップする

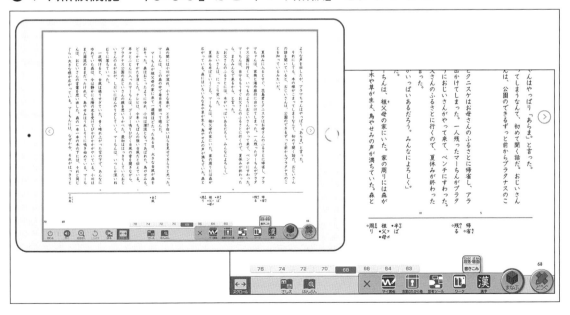

7 | 学習者用デジタル教科書の活用例

　学習者用デジタル教科書を使ってどのような学習が行われているか知ることも研修には必要なことである。そこで，研修時にどんな写真を提示すればよいかについて，北陸学院小学校第4学年「プラタナスの木」（指導者：立石喜美子教諭）の授業を基に紹介する。

❶授業の全体（終盤の様子）

　まず，45分の授業がどのように展開されたか，全体像が分かる写真を提示する。この際，授業終盤の板書内容を提示することが効果的である。そして，本時の学習の課題が何であるか，拡大して提示したり，口頭で読み上げたりして紹介する。

❷基本的な機能を使っている様子

　次に，本時の課題を追究するための「一人読み」の場面で学習者用デジタル教科書の基本的な機能を使っている写真を提示する。単に機能を使っていることを提示するのではなく，読みに対する子どもの意識を伝えて提示することで学習内容が伝わりやすくなる。

❸マイ黒板を使っている様子

　学習課題に対して読みを進めていく過程で，自分の読みの根拠を示すためにマイ黒板を使っている写真を提示する。この際，マイ黒板を拡大した写真も提示する。

❹話し合いを行っている様子

　学習の課題に対する自分の読みをマイ黒板を使って表したあと，グループになってそれぞれの読みの結果を伝えて話し合っている写真を提示する。互いにタブレット画面を見せながら話し合うことで，子ども主体の学習が展開されていることも研修を受ける教員に伝えたい。

CHAPTER 2

国語
「学習者用デジタル
教科書」の使い方
全解説

○機能名の後の（　　）内の用語は「まなビューア※1」の表示用語である。

1 | 書き込みツール

書き込みツールは「どうぐ」ボタンから起動する。フリーハンドの書き込み（ペン），直線を引く（せん），指定範囲の枠囲み（わく），各種スタンプ（スタンプ），付箋や文字入力領域の貼り付け（ふせん），書き込みの消去（けす）の機能を使うことができる。

●この機能の種類と特徴

デジタル教科書のツールの中で，教科書紙面に書き込むツールが「どうぐ」ボタンに設定されている。低学年の児童が使うことを考え，教科書本文上にはみ出さないように線やマーカーを引くことができたり，書き込みをした部分をタップするだけで消えたりするように，動作を少なくして学習に集中できるような性能向上を図っている。

どうぐボタン最上段は選択機能

❶　書き込み機能（ペン・せん）

書き込みで使う筆記用具。6色×透明・非透明の12色×3段階の太さを用意している。中心となる語や，登場人物の行動描写などにマーキングして，内容理解や文章構成の把握に効果がある。→ p.066, 069, 074, 078, 094, 119

マーカーは確実に文字の上に引ける

❷　枠囲み・スタンプ（わく・スタンプ）

「わく」は枠囲みをしたり，広い範囲を伏せたりするときに使える機能。スタンプは学習領域に応じた登場人物のアイコンや学習用語を用意している。場面や段落構成の理解，話者の特定などの活動に適している。→ p.078, 099, 106, 124

❸　付箋（ふせん）

教科書紙面上や様々なコンテンツに考えや感想を残すための機能。囲みなしで文字だけを入力して残すことも可能。本文に対する自分の考えを張り付けたり，疑問や友だちの意見を張り付けたりする際に使用する。→ p.078, 111

❹ 消去機能（けす）

長年の検証授業で最も子どもたちに評価が高い消去機能（消しゴム）。タップして消すことができるほか，ページ丸ごと消すボタンもついている。一瞬で消すことができるため，間違いの修正や，積極的な書き込みの促進がみられる。

POINT　3冊分の教科書

段落・場面ボタンを押すと，書き込みシート①②③という紙面を選択して表示できる機能がある。それぞれ①〜③を重ねて表示することもできる。教科書紙面が3枚あることで，学習活動に応じた書き込みをすることができる。初発の感想を着想した場面や段落に書き込み保存しておいて，読解活動を書き込みで行ったあと，最初の書き込みと比較するなど，学習過程を可視化することも可能になる。

---

2 ｜ 音声再生・表示方法

学習者の多様な特性に対応するために，新たに多くの機能を搭載している。

●この機能の種類と特徴（教材へのアクセスを考慮した機能には🈴と記している）

❶ 音声再生（きく）🈴

読解教材（物語・説明文）には俳優などの朗読音声が，それ以外のページや脚注には機械音声による読み上げができる。読み上げの速度を13段階，間隔の有無を設定できる。朗読を聞きながら目で文字を追いかける活動や，2種類の朗読を聞き分けて，表現の違いを理解する活動に効果がある。視力に課題のある子どもにとっては，すべての文字を読み上げるので，アクセスしやすくなる。

→ p.090, 124, 129

音声再生は脚注も可能になった

❷ 拡大縮小（おおきく）🈴

画面の拡大縮小ができる。ピンチイン・ピンチアウトで対応する場合が多いが，視力などの

問題で文字を大きくして読む子どもたちには，初期設定として拡大した状態を保存することができる。→ p.066

❸　ページスライド（スクロール）📕

ページをスライドしながら遷移できる機能で，国語科の特に読解教材においては，ほとんどの子どもがスクロール機能を使ってページを移動する。紙の教科書ではページをめくらないと読めない場面や段落が，一目で見渡せるため，構成や段落相互の関係を理解しやすくなる。

❹　挿絵閲覧（さしえ）

挿絵のみを一覧および単独に閲覧できる機能。低学年の物語文や挿絵と本文を往来する教材などは挿絵に書き込みをして見せ合う活動が行われる。
→ p.066, 089, 098

❺　リフロー（ほんぶん）📕

読解教材の本文を，文字の大きさやフォント，文字色，行間，総ルビ，ルビの色，背景色をカスタマイズできる機能。視力に課題のある場合にアクセスしやすくなるため，この画面を見やすく設定して活用している。

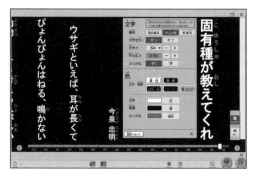

リフローは，文字の大きさに合わせて
行換え（リフロー）が行われる

❻　アクセス支援機能（サポート）📕

すべての教科書紙面において，総ルビ，ハイライト・ハイライト色，背景色，背景の明度，合成音声の高さ，操作ボタンの配置をカスタマイズできる機能。友だちと同じ教科書画面を使って学習ができるように，多くの子どもの特性を吸収するための機能を加えている。→ p.118

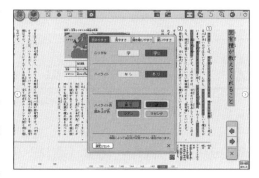

サポート機能はすべてのページを
カスタマイズすることができる

3 ｜ デジタル教材

デジタル教科書の紙面に加えて，連携して使用するデジタル教材が搭載されている。

●この教材の種類と特徴

❶　筆順アニメーション・漢字フラッシュカード（ひらがな・かたかな／漢字）

1，2年生の教材にはひらがな・かたかなの筆順アニメーションが，すべての学年で漢字の筆順アニメーションとフラッシュカードを収録している。筆順アニメーションは，筆順の順をクイズに出して再生（子どもは空書き）しながら確認する。また，なぞり書きのコンテンツを

使って，指やスタイラスペンでなぞりながら筆順を確認することも可能になっている。フラッシュカードには，手動で動かしながら，覚えていないカードを選択する機能があり，自分で覚えるまで再生することができるため，家庭学習などの自学ツールとして使うことができる。
→ p.087, 121

❷ 資料コンテンツ（ワーク）

授業で使う資料や動くワークシートなどが収録されている。「話すこと・聞くこと」領域の教材には，発表や話し合いの実映像動画があり，動画の中から学習する技能や内容を見つけることができる。物語文や説明文には作者や筆者の問いかけなどがあり，読むことの課題を自分で明確に持って学習を進めることができる。
→ p.067, 071, 074, 079, 082, 086, 090, 098, 120

❸ 思考ツール

書き込みや文字入力でカードを作りながら関係図を作成できるシートが7種類収録されている。

❹ 本文抜き出し機能（マイ黒板）特

「読むこと」教材の単元に収録。教科書紙面の本文や挿絵をなぞるとその部分が，カードになってシートに配置できる。シートの中でカード（文字）の大きさを変更したり，文字や線を書き込んだりして，文章構成や登場人物の変容などを整理する活動を行うことが容易になる。紙のワークシートに比べて，自由度が高く変更することが簡便であることの評価が高いことが，様々な実践事例からわかっている。主な使用方法として，説明文では，事実と意見の分類や要旨の抜き出し，物語文では，登場人物の行動や言動の整理分類，人物同士の関係図の作成などで効果的な活用ができる。→ p.075, 091, 094, 098, 101, 106, 110, 114, 122, 126, 133

漢字フラッシュカードは読めない漢字を
抽出して何度も再生することができる

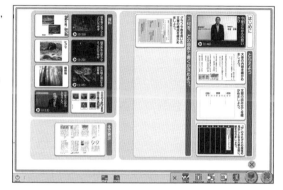

資料コンテンツの一覧画面

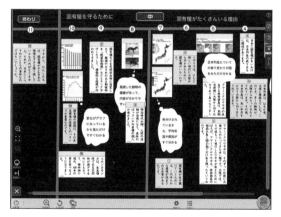

マイ黒板で作成した，資料と本文の関係

※1 「まなビューア」は光村図書が開発したデジタル教科書・教材を動かすプラットフォームで，デジタル教科書等を動かすビューアプログラムがあり，令和3年度よりクラウド配信で利用できる。
https://www.mitsumura-tosho.co.jp/2020s_digital/manaviewer/

1年 「じどう車くらべ」【読むこと・説明文】

1 | せつめいする 文しょうを よもう

●本単元におけるデジタル教科書活用のねらい

　本単元では，文章の中の大事な語句や文章を書き抜くなどして，事柄の順序や簡単な文章構成などを考えながら，内容の大体を読むことをねらいとしている。本教材文「じどう車くらべ」は，事例の列挙型の説明文である。「どのような仕事をするのか」，そのために「どのようなつくりになっているのか」という二つの問いについて，答えはそれぞれ二つの段落に分けて書かれているため，分かりやすい構成となっている。

　「しごと」と「つくり」を書き抜くには，大事な語句や文章に気付く必要がある。学習者用デジタル教科書を使って，一つ目の事例では全員で「しごと」と「つくり」をマーカーや囲み枠で色分けして確認したり，「そのために」という言葉でつながっていることを理解させたりする。二つ目の事例ではペアで，そして三つ目の事例では個別で，というようにミニステップを踏みながら，自律的に学べるようにしていく。また，「さしえ機能」を大いに活用したい。児童の身近にはたくさんの車が走っている。けれども，その「しごと」や「つくり」に着目して見ている児童は，少ないであろう。そこで，挿絵と文章とを行き来しながら，時には挿絵に印をつけたり言葉を加えたりしながら，身の回りのものに関心をもち，見方や考え方を深めていくために，学習者用デジタル教科書を活用させたい。

●単元の指導目標と単元計画

・事柄の順序などを考えながら，内容の大体を捉えることができる。　　　（思・判・表C⑴ア）
・事柄の順序など情報と情報との関係について理解することができる。　　　（知・技⑵ア）
・文章の中の重要な語や文を考えて選び出すことができる。　　　（思・判・表C⑴ウ）

【単元計画（全7時間）】

時	学習活動	使用する機能
1	・挿絵や題名を読み，どんな学習をするのか予想を立て，学習に対する見通しをもつ。 ・「くちばし」の文章を想起し，「じどう車くらべ」の教材文を読み，大まかな文章全体の構成を捉える。（問いと答えの形式，三つの事例を挙げての説明）	ワーク（じどう車クイズ）「くちばし」の「教科書画面」
2	・一つ目の事例のバスやじょうよう車の「しごと」と「つくり」を見つけ，事柄の順序や，「そのために」でつながっていることに	マーカー，枠囲み「さしえ」

	・気づく。	
3	・二つ目の事例のトラックの「しごと」と「つくり」を見つけ，事柄の順序や，「そのために」でつながっていることを確認し，文の構成を理解する。	マーカー，枠囲み「さしえ」
4 ★	・三つ目の事例のクレーン車の「しごと」と「つくり」を見つけ，事柄の順序や，「そのために」でつながっていることを確認し，文章の構成を理解する。	マーカー，枠囲み「さしえ」
5	・三つの事例を比べ，車の「つくり」は，「しごと」によって変わることを理解する。	ワーク（ぜんぶのぶん）
6	・説明のしかたの工夫について確かめる。	ワーク（ぜんぶのぶん）
7	・教材文以外の車の「しごと」とそのための「つくり」についてまとめ，次の単元「じどう車ずかんをつくろう」への関心を高める。	ワーク（動画）

●本時（第4時）の目標と評価［評価方法］

目 クレーン車について，「しごと」と「つくり」の関係を考えながら内容を読み取ることができる。

評 クレーン車について，前時の学びを生かしてマーカーや囲み枠で大事な言葉や文に印をつけ，「しごと」と「つくり」の関係を考えることができる。
[教科書画面]

評 前時の学び方や自分の経験などと重ねながら，文章構成に気付くことができる。
[ワークシート・発言]

●本時におけるデジタル教科書活用のポイント

本教材文は，「二つの問い―答え―答え―答え」という構成で書かれた列挙型の文章で，「しごと」と「つくり」が「そのために」でつながっているというパターン化された文章構成である。本時では，三つ目の事例である「クレーン車」の説明を読んで，大事な語句や文章を確認しながら，「しごと」と「つくり」の因果関係を捉えることをねらいとしている。

学習者用デジタル教科書を使って，マーカーや囲み枠を引き，「しごと」や「つくり」に関する大事な語句や文章を見つけ出したり，そこを示しながらペアで確かめ合ったり，マーカーで引かれた言葉や文をワークシートに書き抜きしたりしながら，説明されている内容の大体を捉えることができるようにしたい。

ここでの学習経験は，次の単元である「じどう車ずかんをつくろう」で，事柄の順序に沿って簡単な文章構成を考えて自分で説明文を書く時や，列挙型の文章である「どうぶつの赤ちゃん」の文章構成をつかんで内容を読む学習につながる。

●学習活動の流れ

No.	学習活動・内容	指導上の留意点
1	前時の学習を想起し，本時の学習課題をつかむ。 全体 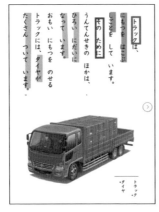	●前時のトラックの説明を読み取った際の，誰かの「教科書画面」を拡大提示し，「しごと」と「つくり」の二つの視点で書かれていることを確認する。　また，「しごと」は青マーカーで「つくり」は黄色マーカーで色分けしたこと，主語や大事な語句には色枠で囲んだことを想起させ，本時も同じようにして読んでいくことを確認する。

クレーン車の「しごと」と「つくり」を見つけましょう

No.	学習活動・内容	指導上の留意点
2	音読し，これまでの学習と同じように，「しごと」と「つくり」にマーカーを引きながら読む。 個別 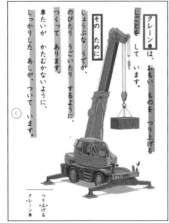	●音読する際には，自分のペースでゆっくりと，言葉を確認しながら読むことを進める。 ●バスやじょうよう車の学習では，拡大提示した同じ画面を見ながら，全員で「しごと」と「つくり」にマーカーを引いたり，書き出したりして読んできた。トラックでは，ペアの学習を中心にしながら読んだ。そこで，本時においては，まず，自分で読む時間を設定している。学習者用デジタル教科書を使って，「しごと」と「つくり」等，マーカーを引きながら読むように指示する。ただし，一人で読む時にわからないことがあったら，ペアで相談してもよいことを伝えておく。 ●教師は，次の全体で確認する際に，どの児童の「教科書画面」を拡大提示するか考えながら，机間をまわる。
3	個々が読み取ったことを，全員で確認しながら「しごと」と「つくり」を読む。 全体 ・しごと：おもいものをつり上げる 　「上げる」と「つり上げる」の違いの確認 　 そのために ←「しごと」と「つくり」をつなぐ言葉 ・つくり：じょうぶなうで，のびたりうごいたりする 　しっかりしたあし，車たいがかたむかないように	●誰かの「教科書画面」を拡大提示する。「つり上げる」「のびたりうごいたり」「かたむかない」という言葉を取り上げ，他の言葉と比較したり，生活と結びつけたり，動作化したりして言葉の意味を実感的に理解させるようにする。 ●「さしえ機能」を使って，文に書かれている内容が，挿絵のどの部分を示しているのかを確認する。

		●全体での話し合いでは，教師と児童のやりとりが一対一対応にならないように，何人かの児童の画面を出して説明をさせたりペアで確認をしたりする等，工夫をする。
4	本時で学んだクレーン車の説明を，視写する。 　　　　　　　　　　　　　　　　　個別 ・大事な語句や文章の確認 ・文の構成の工夫の確認	●紙のワークシートを配付，丁寧に視写するように指示する。ワークシートは，全文視写ではなく，穴あきにしておいて，大事な語句や文章を書き抜くようにしておく。
5	本時の振り返りを行う。全体 ・クレーン車の仕事とつくりが読み取れたか ・自力で学べたか	●個の学びの時間の様子を取り上げ，自律的に学べたことを具体的に褒めるようにする。

活用編・初級　HOP

活用編・中級　STEP

活用編・上級　JUMP

継続編

POINT　ここでも使える！デジタル教科書（第7時「ワーク：資料（動画）」）

　7時間目は「教材文以外の車の『しごと』とそのための『つくり』についてまとめ，次の単元『じどう車ずかんをつくろう（7時間扱い）』への関心を高める」ことをねらいとして設定している。身近な車の写真を撮ってきてそれを活用することもできるが，ここでは学習者用デジタル教科書の「ワーク」機能にある「資料（動画）」を活用したい。ここには，5種類の車が紹介されているが，身近ではあるけれどなかなかその「つくり」まで詳細に見たことがない車も入っている。それらの中から1台，児童の興味・関心の高い車を選んで提示する。全体で視聴後，途中で止めて「どのようなつくりになっていたか」確認したり，個別視聴が可能な学級であれば，自分のリズムで視聴（イヤフォンが必要）したりして，考えさせることもできる。どちらの場合も，解説部分を消して，「自分で説明するとしたら，どのような言葉を使うか」を考えさせながら見るように指示したい。視聴後，児童がどのような言葉を生み出したか，確認するのはとても面白い。このように，次の単元へのミニステップとなる時間で，大いに学習者用デジタル教科書を活用したい。

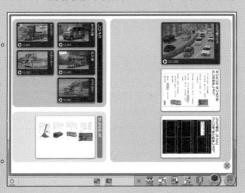 

2 | きょうみをもったところを中心に　しょうかいしよう

●本単元におけるデジタル教科書活用のねらい

　本単元では，科学読み物を読み，説明的文章の情報と情報とを関係付けて紹介する文章を書くという言語活動を設定している。「ウナギのなぞを追って」という教材文を基に，興味をもったところを中心に要約したり感想を書いたりして，紹介できる力を身に付けることをねらいとしている。

　興味や感動したことを中心に紹介するためには，自分の言葉で要約できるようにしなければならない。けれども，読み手の側から自分の言葉で要約することの意味や方法を理解することは難しい。また，教材文「ウナギのなぞを追って」の文章は，専門的な用語も多く使われており，西暦，ウナギの大きさを表す数字や稚魚等の採取場所，写真や図表等，児童にとって文章全体の内容を正確に把握するには困難な要素が多い。そこで，学習者用デジタル教科書を活用して，気になった文章や重要な語句にマーカーを引いたり，図表と関連づけたりして読む学習活動を設定する。

●単元の指導目標と単元計画

・文章を読んで理解したことを基に，感想や考えをもつことができる。　　　(思・判・表C⑴オ)
・文章を読んで感じたことや考えたことを共有し，一人ひとりの感じ方などに違いがあることに気づくことができる。
　　　　　　　　　　　　　　　　　　　　　　　　　　　　　　　　　　(思・判・表C⑴カ)
・目的を意識して，中心となる語や文を見つけて要約することができる。　(思・判・表C⑴ウ)
・様子や行動を表す語句の量を増し，話や文章の中で使い，語彙を豊かにすることができる。
　　　　　　　　　　　　　　　　　　　　　　　　　　　　　　　　　　　　(知・技⑴オ)

【単元計画（全8時間）】

時	学習活動	使用する機能
1	・「要約する」意味や方法，「紹介文」について理解し，学習課題を設定して，学習計画を立てる。 ・初発の感想をもつ。	資料（動画等）
2	・感想を発表し合い，自分や友だちの興味の中心を確かめる。	マーカー（黄色），枠囲み
3	・大まかな文章構成と，「はじめ」「中」「終わり」の内容をつかむ。	マーカー，ペン，「さしえ」，資料（段落分け）
4 ★	・「中」を読んで，調査の経過とその内容を捉える。	マーカー，ペン，枠囲み，「さしえ」，教科書画面
5	・「中」を前半と後半に分けて，小見出しをつける。	マーカー，ペン

6	・マーカーを引いた語句や文章を使ったり，自分の言葉を用いたりして整理して，要約文を書く。	教科書画面
7	・「何の話か」「要約」「感想」という紹介文の構成を理解し，教材文を紹介する文章を書く。	
8	・友だちと紹介文を読み合い，自分との違いや「いいな」と思うところを伝え合う。 ・「この本，読もう」で読書を広げる観点を確かめる。	

●本時（第4時）の目標と評価 [評価方法]

目 「中」のまとまりを，文末や重要な語句に気をつけ，写真や図表と照らし合わせながら読み，調査の道筋を整理することができる。

評 文末や重要な語句に気をつけ，写真や図表と照らしながら，内容を正しく読み取っている。

[教科書画面・発言]

●本時におけるデジタル教科書活用のポイント

　本時は，「中」のまとまりを読んで，たまごを産む場所を見つけるまでの道筋を読み取ることがねらいである。この時期の児童には，「事実」と「調査方法や分かったことからの筆者の推論」を混同して捉えたり，事実を正確に読むことができなかったりすることがある。そこで，学習者用デジタル教科書を活用して西暦，ウナギの大きさを表す数字や稚魚等の採取場所と，写真や図とを照らし合わせたり，予測や推測を表す文末表現にマーカーを引いたりしながら読み，内容を捉え易くする。

　ここでの学習経験は，筆者の説明の仕方や文章構成に着目して要旨を捉える第5学年の学習につながる。また，興味をもったところを中心に文章の内容を要約する学習は，今後の読書生活や，気に入った本を紹介する活動に生かすことができると考える。

●学習活動の流れ

No.	学習活動・内容	指導上の留意点
1	前時の教科書画面を見て，大まかな内容を想起する。全体 	●前時の「教科書画面」を出させて，大まかな文章構成と，「はじめ」「中」「終わり」の内容の確認をする。誰かの「教科書画面」を借りて，拡大提示すると，情報共有ができてよい。 ●「気になる」言葉や文章に，黄色マーカーが引かれているか確認をする。

2	本時のめあてを確認し，「中」を音読する。全体	

「中」のまとまりを読んで，たまごを産む場所を見つけるまでの道すじをたしかめよう

3	「いつ」「どのような調査」をして，その結果どのようなことが「分かった」のかという「事実」を見つける。（青マーカー）個別 ① いつ ② レプトセファルスの大きさ ③ 場所	●調査の過程が分かる「西暦」には「囲み枠」，「調査・分かったこと」には，青マーカーを引きながら，「事実」を読み取るようにさせる。その際に，これまでの学習で「さしえ」を使ったことを思い出して，挿絵を活用している児童がいたら取り上げるようにする。
4	お互いの教科書画面を見せ合って，読み取ったことを伝え合う。ペア ・「事実」を示す青マーカーが引かれた文 ・挿絵と文を関連づけて読む	●「個の学び」だけで，完璧に読み取れたという状況をめざすものではないこと，みんなで学ぶことでだんだん自分の読みが確かなものになることが大事であることを，常に児童に話しておくことが大事である。 ●自分の画面を指しながら，きちんと読み取ったことを伝え合うようにする。そして，同じところ，違うところを確認し合い，違いがあればどうして違うのかを話し合うように助言する。
5	ペアで読み取ったことを，確認する。全体 ・図3：海流 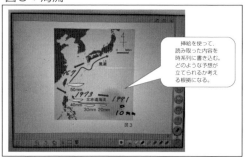 挿絵を使って，読み取った内容を時系列に書き込む。どのような予想が立てられるか考える根拠になる。 ・図2：透明なレプトセファルス ・図4：大きな3つの海山の連なりのある場所 ・図5：新月との関係	●拡大提示装置を使って，児童の教科書画面を共有することで，個の学びで「事実」がどのくらいつかめているか把握することができる。 ●もし，挿絵と文章を関連づけている児童がいれば，その画面を共有する。いないようであれば，教師が意図的に挿絵に①～③を位置づけながら，全体思考をするようにする。 ●様子がイメージできるように，写真や図表等も利用しながら確認する。 ●青マーカーが引かれていない文には，「何が書かれているのか」という疑問を大事にする。また，「中」の部分は，どうも内容が2つに分かれるのではないかという疑問を持つ児童も出てくるかと思われる。その際には，そういう意見を大いに認め，次時の学びにしようと提案するようにする。
6	青マーカー以外の文には，何が書かれているか文末表現を確認しながら，その内容が分かる中心文に緑マーカーを引く。ペア ・～思われます。 ・～考えられます。 ・～はずです。 ・～かもしれない。 ・～予想する。	●少し難易度の高い課題であるので，本指導案では，ペアで話し合いながら，緑マーカーを引くようにしている。学級の実態に応じて，個で読み取れるという実態であれば，個の時間としてもよい。 ●教師は机間をまわり，ペアの会話に耳を傾けるようにする。まだ，事実の読み取りに正確性の欠けるペアには，支援を行うようにする。緑マーカーを引きすぎているペアには，「事実」を関連づけながら，そこから塚本さんたちが予想したことはどのようなことなのかを考えるようにアドバイスを行う。

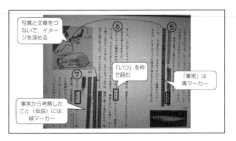

写真と文章をつないで，イメージを深める

「いつ」を枠で囲む

「事実」は青マーカー

事実から考察したこと（仮説）には，緑マーカー

		●早く話し合いの終わったペアには，本時で分かったことをノートにまとめるように指示する。
7	ペアで読み取ったことを基に，「中」の内容が事実だけではないことを理解し，本時で学んだことから分かったことを発表する。全体 ・一日に一本ずつふえる輪 ・調査が進み，どんどん小さなレプトセファルスが見つかる ・とても長い時間をかけて調査している ・事実から予想をしている ・「中」は，前半と後半に分かれている	●事実から知った新しい驚きを，全体で共有するようにする。
8	本時の振り返りを行い，次時の見通しをもつ。個別 ・研究者（塚本さん）の視点から ・読み手の視点から ・学び方の視点から ・次時：調査の前半と後半についてより詳しく読もう	●できれば，前の学習活動の中からできた児童の言葉で次時の課題を作りたい。

活用編・初級 HOP　活用編・中級 STEP　活用編・上級 JUMP　継続編

POINT　ここでも使える！デジタル教科書（第1時と第3時に「資料を活用する」）

　本教材文は，大海原で小さなウナギの卵を見つけるという，気の遠くなるような調査研究の話である。けれども，経験値の少ない児童にとっては，なかなかイメージを持ちにくい。そこで，第1時で題名読み等する際に，どのような様子で調査研究をしているのかを「資料」から「映像」を視聴する。一人で視聴することができる学級であれば，イヤフォンをつけて個人で視聴。また，全体で見渡す限りの海，そこから網で吸い上げる様子等を見ながら，感想を言い合って視聴するのもよいかと考える。

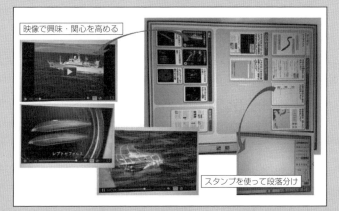

映像で興味・関心を高める

スタンプを使って段落分け

　第3時では，全体の文章構成を把握するために「資料」にある「デジタルワークシート」を使って文章構成を整理させたい。

3 | すぐれた表現に着目して読み，物語のみりょくをまとめよう

●本単元におけるデジタル教科書活用のねらい

　本単元の教材文「大造じいさんとガン」は，ガンの頭領である残雪と，狩人である大造じいさんとの間に繰り広げられる生存のための厳しい戦いを描いた作品である。その戦いの中，残雪のもつ知恵や仲間を守る勇気，統率力のすばらしさや，またそのような感動的な場面で大造じいさんが素直に心を動かされるという人間味あふれる姿が，生き生きと描かれている。

　学習者用デジタル教科書を使って，これらの描写に着目し，重要な語句や文章にマーカーを引きながら，登場人物の人物像や考え方，関わり方，そして，大造じいさんの心情をより深く表していると思われる風景を描いた美しい情景描写等で，気付いたことを書き込むなどして読みを深めることができる。物語の山場を見つけて，そこから物語の全体像を捉え，物語の魅力に気付き，作者の伝えたいことを自分なりの考えを深めていくことを期待している。

●単元の指導目標と単元計画

・人物像や物語などの全体像を具体的に想像したり，表現の効果を考えたりすることができる。

（思・判・表C(1)エ）

・文章を読んでまとめた意見や感想を共有し，自分の考えを広げることができる。

（思・判・表C(1)カ）

・文章を朗読することができる。 （知・技(1)ケ）

・登場人物の相互関係や心情などについて，描写を基に捉えることができる。

（思・判・表C(1)イ）

・文章を読んで理解したことに基づいて，自分の考えをまとめることができる。

（思・判・表C(1)オ）

【単元計画（全6時間）】

時	学習活動	使用する機能
1	・これまでに読んだ物語について，どんな魅力があったか出し合い，「すぐれた表現に着目して読む」という学習課題を設定し，学習計画を立てる。 ・初発の感想をもつ。	マーカー（黄色）
2 ★	・人物の相互関係，人物の心情や関係の変化を基に，物語の山場について考え，物語の全体像を捉える。	資料（ワークシート），マーカー，枠囲み，教科書画面
3	・情景を描いた表現を捉えて，その効果等について考え，読みを深める。	マーカー，枠囲み

4	・印象に残った場面を選び，自分が感じたことが伝わるように朗読し，互いに聞き合い，感じたことを伝え合う。	マーカー
5	・この物語の中で，最も効果的な表現に着目し，物語の魅力についての考えをまとめる。	教科書画面
6	・考えを比べながら，感想を伝え合う。 ・自分の考えを広げることができたか，これまでの学習について振り返る。	

●本時（第2時）の目標と評価［評価方法］

目 人物の相互関係，人物の心情や関係の変化を基に，物語の山場について考え，物語の全体像を捉えることができる。

評 人物の相互関係や心情の変化を整理し，物語の全体像を捉えることができる。

［教科書画面］

評 物語の山場や人物の見方の変化をつかみ，物語の山場について話し合い，読みを深めている。

［発言］

●本時におけるデジタル教科書活用のポイント

　本時は，人物の相互関係，人物の心情や関係の変化を基に，物語の山場について考えることで物語の全体像を捉えることをねらいとしている。

　前時では，物語を一読し感想を出し合っている。読む際に，気になった語句や文章に黄色マーカーを引いておくことを学級のルールにしておくと，文学的な文章教材，説明的な文章教材に関わらず，その後の学習に生かすことができる。本時でも，その黄色マーカーを引いてある「教科書画面」を拡大提示しながら，「本時は，残雪と大造じいさんの関わりがどう変化していくのか，深く読んでいこう」と提案，「資料」にあるショートコンテンツを視聴するという導入で始めたい。児童各自が，「山場」を見通すことで，それぞれの視点を持って読む学習をスタートさせることになる。そして，これまでの国語の学習指導として位置づいてきている，重要な語句や文章にマーカー線を引きながら，本時のめあてに沿って読みを深めていくことになる。紙の教科書と同じように線を引きながら読むのだが，学習者用デジタル教科書を使うと「消したり書き込んだり」が容易にできるので，紙の教科書より気軽に「マーカー機能」を使って線を引いたり，「ペン機能」を使って考えたことを書き込んだりしていく様子が見られる。

　ここでの学習経験は，第6学年「登場人物の相互関係や心情などについて，描写を基に捉えることをねらいとする教材（『帰り道』）」や「文章を読んでまとめた意見や感想を共有し，自分の考えを広げることをねらいとする教材（『海の命』）」において，登場人物や登場人物相互の関係から生き方を学び，人物の生き方について話し合う学習へと発展していくという読む学習へとつながる。

●学習活動の流れ

No.	学習活動・内容	指導上の留意点
1	本時の学習のめあてをつかむ。全体	
	登場人物の関係を捉えながら，物語の全体像をつかもう	
		●前時は，感想交流をしながら，物語の大まかな内容をつかんでいるので，本時では，より読みを深めていくことをめあてとしている。
2	大造じいさんの気持ちの変化，そしてそのきっかけとなる出来事は何か，自分なりの考えを書き込む。個別	●学習者用デジタル教科書の「資料」にある「はじめに」を使う。
	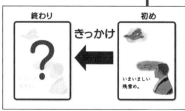 スクリーンショット画面	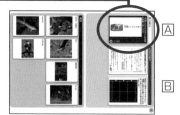
	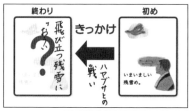 書き込み画面	●画面にあるＡ「はじめに」は，ショートコンテンツになっている。最後に「大造じいさんと残雪の関係はどうなるでしょう。また，どんなきっかけなのか想像してみましょう」という解説が入る。タブレットの操作に慣れている学級であれば，スクリーンショットを撮り，端末の機能を使ってその画面に書き込むことができる。慣れていない学級では，「初め」「きっかけ」「終わり」についてノートに記述させるようにすればよい。
	・登場人物同士の関係が大きく変化する場面を「山場」と言う。	
3	「山場」や大造じいさんと残雪の関係性の変化について確認する。全体	●拡大提示装置で学級みんなの画面を共有し，それぞれの山場の捉えを確認する。大きな違いがある場合には，少し討論する時間をとることも考えられるが，これからそれぞれが読みを深める中で，再考していけばよい。
4	残雪の様子や行動，それに対する大造じいさんの心情の変化をまとめる。個別 ・「教科書画面」で，重要な語句や文章にマーカーを引く。 ・マーカーを引いたところを再考しながら，ノートにまとめる。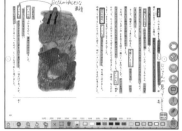	●学習者用デジタル教科書を使って，残雪の様子，大造じいさんの心情が分かる重要な語句や文章にマーカーを引いて，その関係性の変化を捉えさせる。 ●「誰が，いつ」，残雪の様子や行動，大造じいさんの行動や心情など，それぞれ何色のマーカーや囲み枠にするか，事前に学級の約束を決めておくとよい。拡大提示で一覧したときにも，視覚的に違いが見え易い。

ノートの例 ①

場面	①
残雪の様子や行動	・仲間がえをあさっている間も，油断なく気を配っている。 ・つりばりを飲みこまないように仲間を指導した。	・りこうなやつ ・いまいましい
大造じいさんの心情		・感嘆 ・たいしたちえをもっているものだなあ。

●まだ，学習者用デジタル教科書の扱いに慣れていない学級では，これまでのように，ノートに「ノートの例」のように表を作ってそこに書き込ませるようにする。けれども，「資料」にあるＢ「デジタルワークシート（マイ黒板利用）」にまとめさせると，書き写す時間が省け，ペア学習や全体の検討の時間を多くとることができる。
→「**POINT** ここでも使える！デジタル教科書」の欄を参照

5	それぞれ，どのように読み取ったか，ペアで交流する。[ペア] ・残雪の様子や行動 ・大造じいさんの様子や行動，心情 ・最初と最後でどうしてそのように変化したのか ・変化したきっかけの一文を選ぶ	●全体の時間では，なかなか全員に話をさせる時間がとれない。そこで，ペア学習の時間に個々が話せるように，時間を十分にとりたい。
6	登場人物同士の関係が大きく変化する場面の「山場」を中心に，出来事が続く中，残雪と大造じいさんの関わりが変化していくという物語の全体像を読み取る。[全体]	●誰かの「教科書画面」を提示し「変化したきっかけの一文」の検討や，「出来事」「残雪の様子や行動」「大造じいさんの様子や行動，心情」をどのようにつかむか，全体で話し合わせる。教師は，ペアの学びの時間に机間をまわり，全体で取り上げたいような話をしているペアを見とっていくようにする。
7	本時の振り返りを行い，次時の見通しをもつ。 [個別] ・最初に書き込んだ「きっかけ・終わり」とノートの表を見直し，この学習からどのようなことを学んだか，振り返る。	

活用編・初級 **HOP**

活用編・中級 STEP

活用編・上級 JUMP

継続編

POINT　ここでも使える！デジタル教科書
（第２時「人物の関係をつかむために様子や行動等を抜き出す『デジタルワークシート』」）

「活用編・上級」では，本文抜き出し機能を使って段落の中心となる語句や文章を抜き出し，情報同士の結びつきを自分なりに整理する学習方法，マイ黒板の活用を紹介している。まだ自由にマイ黒板を活用するまでの学習経験を積んではいないが，抜き出しに時間をかけずその後の思考する時間や話し合いの時間に重点を置きたいと考えている先生にオススメである。抜き出す際に，抜

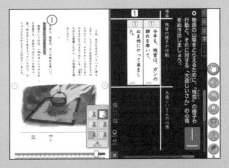

き出す文章の中心はどこか試行錯誤しながら整理する様子も見られる。この画面を基に交流し，自分の考えを修正したり，相手の意見を取り入れたりすることで，より理解を深めることができる。

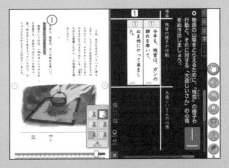

4 ｜ 筆者の主張や意図を捉え，自分の考えを発表しよう

●本単元におけるデジタル教科書活用のねらい

　本単元では，説明的な文章を読んで文章全体の構成の特徴や筆者の主張と事例の述べ方を捉えるとともに，筆者の挙げる事例と自分の知識や経験とをつなげて論の進め方等について，自分の考えをもつことをねらいとしている。

　文章構成が似ている二つの説明的な文章教材から，単元が構成されている。一つ目の短い教材文で学び方や考えの整理の仕方を獲得し，それを生かして二つ目の長い教材文をなるべく自律的に読めるようにしたい。そのために，見開き2ページで読みやすい「笑うから楽しい」の教材文では，学習者用デジタル教科書の「マーカー機能」を使って主張と事例の関係を捉えたり，「資料」を使って文章構成の特徴を押さえたりする。また，「時計の時間と心の時間」では，「笑うから楽しい」と構成の特徴は同じなので，「笑うから楽しい」で学んだ「教科書画面」を参考にしながら，主張のために挙げられている四つの事例を捉えたり，論の進め方等について整理して考えたりするために，学習者用デジタル教科書を活用させたい。

●単元の指導目標と単元計画

・原因と結果など情報と情報との関係について理解することができる。　　　　　　　　（知・技(2)ア）

・事実と感想，意見などとの関係について，叙述を基に押さえ，文章全体の構成を捉えて要旨を把握することができる。　　　　　　　　　　　　　　　　　　　　　　　（思・判・表C(1)ア）

・目的に応じて，文章と図表などを結び付けるなどして必要な情報を見つけたり，論の進め方について考えたりすることができる。　　　　　　　　　　　　　　　　　　　（思・判・表C(1)ウ）

・文章を読んで理解したことに基づいて，自分の考えをまとめることができる。

　　　　　　　　　　　　　　　　　　　　　　　　　　　　　　　　　　　　（思・判・表C(1)オ）

【単元計画（全7時間）】

時	学習活動	使用する機能
1	・単元名やリード文を読み，「筆者の主張や意図を捉え，自分の考えを発表しよう」という学習課題を確認し，学習計画を話し合い，学習に対する見通しをもつ。 ・「笑うから楽しい」を，語句の意味を確かめながら読み，文章全体の構成を捉えて要旨をつかむ。	マーカー 教科書画面
2 ★	・「笑うから楽しい」で，事例の取り上げ方や主張との関係に着目し，自分の考えをまとめる。	マーカー 資料（スタンプ） 教科書画面

3	・「笑うから楽しい」で学んだ方法を使って，「時計の時間と心の時間」を読むことの見通しをもつ。 ・初発の感想をもつ。	マーカー 資料（動画） 教科書画面
4	・「時計の時間と心の時間」の筆者の主張や文章全体の構成を整理したり，筆者の主張と複数の事例との関係に着目して，論の進め方の意図について考えたりする。	マーカー 資料（スタンプ） 教科書画面
5	・筆者の主張に対する自分の考えをまとめる。	教科書画面
6	・筆者の考えに対する意見を聞き合い，感想を交流し，これまでの学習について振り返る。	教科書画面
7	・「主張と事例」を読み，主張と事例の関係を理解する。	

●本時（第2時）の目標と評価［評価方法］

🎯 事例の取り上げ方や主張との関係に着目し，自分の意見を経験なども交えてまとめて，伝え合うことができる。

📋 筆者の主張とそれを支える事例の関係を読み取り，考えを整理する。　　　　　［教科書画面］

📋 自分の経験などと重ねながら，考えを伝え合うことができる。　　　　　　　　　［発言］

●本時におけるデジタル教科書活用のポイント

　本時は，筆者の考えを捉え，事例を挙げることの効果とその有効性について考えたり，この教材文の内容に対する自分の考えをまとめたりすることをねらいとしている。

　これまでの前時の想起では，ノートを読み上げて確認するという授業の導入をよく見かけた。単に，機械的に前時を振り返っているという印象を否めない場面であった。ここでは，学習者用デジタル教科書でそれぞれがまとめた「教科書画面」を拡大提示して共有することで，どのような語句や文章に線が引かれているのか，どのように文章構成を考えているのか等，視覚的に確認することができる。そこから，自分の画面との共通点や差異点を取り上げて，対話的に授業を進めることができるようになる。さらに，事例の取り上げ方や主張との関係を捉える学習では，前時に読み進めた「教科書画面」に，「事例の特徴」や「比較の観点」を入れた付箋を使う。ペアで確認する際に，それを提示しながらお互いの考えの交流ができる。ただし，6年生までに文字入力がスムーズにできるだけのスキルを身に付けておかないと，ここで時間がかかってしまうので，留意したい。

●学習活動の流れ

No.	学習活動・内容	指導上の留意点
1	前時の「教科書画面」を見て，学習内容を想起する。全体 ・①と④に筆者の主張がある双括型の文章 ・②と③には事例 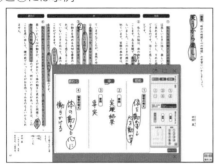	●誰かの「教科書画面」を借りて拡大提示し，主張と事例とが，どの段落に書かれているかを確認する。 ●自分の「教科書画面」と比較して，共通点や差異点を確認する。気になる点については，どんどん質問したり，意見を言ったりする学級の雰囲気づくりが大切である。
2	本時のめあてを確認する。全体	

筆者が二つの事例を挙げた意図を考えよう

No.	学習活動・内容	指導上の留意点
3	事例がない場合，読み手に筆者の主張がどのように伝わるか考える。全体  ・納得する派：筆者の考えは分かる ・納得できない派：なぜそういう主張なのか考えだけでは伝わりにくい ・どちらとも言えない派	●事例を消した「教科書画面」を拡大提示し，全体で考えてみる。「納得する派」「納得できない派」「どちらとも言えない派」に分かれて，意見を出し合うようにする。その際には，自分の経験等を交えて意見の言えた児童がいたら取り上げて，経験を基に意見を述べると説得力が増すことを確認するとよい。 ●「白枠」の機能を使うと，事例の部分を見えなくするという，左のような画面が簡単にできる。 ●全体での意見交流ができにくい学級においては，まずはペアで交流する場面を設定することも考えられる。
4	事例について，様々な場合を想定して，その効果について考える。個別 ・事例が②か③か，一つだけだった場合： 　事例にもよるけれど，一つだけだと説得力が弱い ・事例の②と③が逆になった場合： 　どちらでもよい 　②が先の方が自分で試すことができる ・事例を他の事例に変えてみた場合： 　身近な事例があると分かりやすい	●事例の特徴をつかみ，付箋にどんどん書き出して，「教科書画面」に貼り付けるとよいことを助言する。ここでは，事例の特徴について考えたことを「黄色付箋」に，比較して考えたことは「青付箋」に書き出している。 ●学級によっては，「他の事例」に関して，なかなか考えつかない児童もいることが推測される。そのような場合には，事前に教師の方で，難しい内容の事例等を用意しておくとよい。

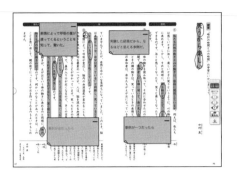

		●教師は，話し合いの様子を観察し，それぞれどの程度考えを出せているか見とるようにする。もし，あまり個別で考えが出せない様子であった時には，誰かの「教科書画面」を拡大提示してヒントにしたり，ペアでの意見交流の時間を長くしたりという支援が考えられる。
5	ペアで考えを交流し，自分の考えを確かなものにする。ペア ・画面を見せながら，自分の考えとその理由について説明し合う	●ペアでの交流をする際には，話し合う中で自分の考えを修正していくことはよいが，ペアの話にはきちんと耳を傾けるように助言する。
6	ペアで，どのような考えが出されたか，全体で共有する。全体	●発表する児童の画面を拡大投影して発表させる。 ●事例についてどう考えたか，知識や経験とつなげて考えていた児童や，共感や補足をしながら自分なりの考えを述べていたペア等に，積極的に発表するように促す。
7	本時の振り返りを行い，次時の見通しをもつ。 個別 ・事例の取り上げ方や主張との関係について分かったことを中心に考えをまとめる	●次時は，「笑うから楽しい」で学んだ学び方のワザを使って，「時計の時間と心の時間」は自力や友だちとの対話を通して読み取っていくことを確認する。

活用編・初級 HOP

活用編・中級 STEP

活用編・上級 JUMP

継続編

POINT　ここでも使える！デジタル教科書
（第5時以降の「時計の時間と心の時間」の読み取りで活用）

　「教科書画面」で主張や事例の重要語句や文章にマーカーを引いたり，「資料」を使って文章構成をつかんだりする学び方のワザを，「時計の時間と心の時間」で積極的に活用させたい。また，「時計と心の時間」ってどういうことを指しているかつかみにくい児童もいると思われるので，導入で「資料（動画）」を視聴させたい。この動画は，問題を投げかけ自分の考えを出し合うように作られているため，視聴したあとにそれぞれ「時計と心の時間」について話し合う時間を保障したい。

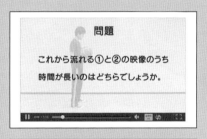

1年 「これは，なんでしょう」【話すこと・聞くこと】

1 ｜ ふたりで　かんがえよう

●本単元におけるデジタル教科書活用のねらい

　本単元では，「話すこと・聞くこと」領域の学習活動として，友だちと一緒にクイズの問題を考え，「クイズ大会」を行わせる。この活動を通して，互いの話に関心をもちながら，相手の発言を受けて話をつなげていくことや，身近なことを話題として決め，それについて伝え合うために必要な事柄を選ぶ力をつけることをねらいとする。

　「話すこと・聞くこと」の学習では，取り扱う活動それ自体のイメージを適切にもたせることがまず大切になる。そのためには，指導者が口頭で説明したり，ＣＤに収録されている音源を使って活動場面で交わされる対話の音声を聞かせたりすることが行われる。しかしながら，音声だけで行う説明では，例えば，対話をしている際の話し手や聞き手の様子を想像することが難しい場合がある。

　学習者用デジタル教科書には，「ワーク」の中に活動のイメージが動画として収録されている。この動画を視聴させることにより，活動のイメージをより具体的にもたせることができるようになる。また，動画資料には，「かいせつあり」「かいせつなし」の２種類が用意されている。この２種類の動画は，指導者の指導意図により使い分けを行っていきたい。視聴させる順序を工夫することや動画に表示される説明に注目させることを通して，動画の中で交わされている発言の意義についても学ばせることができる。

　また，１年生の段階から，「話すこと・聞くこと」の学習における活動のイメージを動画資料でつかむということを体験させることにより，後に続く学年の学習の際にも自然と利用ができるようになっていくと考える。

●単元の指導目標と単元計画

・互いの話に関心をもち，相手の発言を受けて話をつなぐことができる。

（思・判・表A(1)オ）

・身近なことや経験したことなどから話題を決め，伝え合うために必要な事柄を選ぶことができる。

（思・判・表A(1)ア）

・事柄の順序など情報と情報との関係について理解することができる。

（知・技(2)ア）

【単元計画（全4時間）】

時	学習活動	使用する機能
1	単元のめあてを設定し，学習の見通しをもつ。 ・動画資料「りかさんとたくやさんのもんだい」（かいせつなし）を視聴させることにより，活動のイメージをもたせる。	ワーク，資料（動画）
2	二人組を作り，クイズの問題を考える。 ・動画資料「もんだいをつくるはなしあい」の（かいせつなし）を視聴させる。その後，（かいせつあり）を視聴させる。 ・ヒントになりそうなことをいくつも考えさせておく。	ワーク，資料（動画）
3 ★	「ヒントの出し方」について話し合う。 ・動画資料「ヒントの出しかたをきめるはなしあい」の（かいせつなし）を視聴させる。その後，（かいせつあり）を視聴させる。	ワーク，資料（動画）
4	「これは，なんでしょう」クイズ大会をする。 ・動画資料「もんだいを出しましょう」（かいせつあり）を視聴させ，クイズ大会を行う際に気を付けさせることをつかませる。	ワーク，資料（動画）

●本時（第3時）の目標と評価［評価方法］

目 問題を出す際の「ヒントの出し方」について，どのような順序がよいかを考え，話し合う。

評 二人組で「ヒントの出し方」について考えを出し合い，決めることができている。

［発言・ワークシート］

●本時におけるデジタル教科書活用のポイント

　本時は，クイズ大会で出題する問題についての情報を整理し，「ヒントの出し方」について考えさせる時間となる。「ヒント」の出し方によっては，クイズの答えがすぐにわかってしまうことにもなるため，どの情報から提示していくとよいのかといったことを考えさせることに取り組ませていく。この場合，集めた情報をひとつひとつ吟味していくことが求められるが，こうした活動を通して情報と向き合う体験は，以後の学年における取材を伴うような言語活動を行う際にも，集めた情報の軽重を判断したり提示する順序を考えたりする場面で役に立っていくはずである。

　デジタル教科書では，「ヒントの出し方」を考える場面の動画資料が解説の「あり・なし」の2パターン用意されている。児童には，最初に「解説なし」の方を視聴させる。その後，「解説あり」を視聴させることにより，はじめに見た資料の中の対話で行われている発言の意図を捉えさせていきたい。しかしながら，1年生段階では，全員が動画資料を視聴するだけでこのことに気付くことは難しいと考えられる。そのため，指導者用のデジタル教科書の同じ動画資料を提示するか，あるいは，学習者用デジタル教科書の資料を大型画面かスクリーンに投

影しながら解説されていることについて指導者が説明してあげることも考えていきたい。このような配慮は，第1時から続く動画視聴の際にも必要となる。あくまでも「動画資料を使って指導していく」という姿勢を大切にしていきたい。

　この他，二人組で考えた「ヒントの出し方」について確かめる場面を設けるために，二人組を2つまとめた小グループを構成しておきたい。この小グループの中で，お互いの組の「ヒントの出し方」について実際に「クイズ」を出すかたちで確かめさせ，必要に応じて修正できるようなステップを確保していきたい。

●学習活動の流れ

No.	学習活動　予想される児童の反応（C）	指導上の留意点
1	前時に決めた「問題」とそれに関わる情報について振り返る。ペア	●前の時間に二人組で決めた問題とそれに関わる情報についてノートを見ながら振り返らせる。
2	本時の学習のめあてを確かめる。全体	●「クイズ大会」でどのようにヒントを出せばよいのか考えることを伝える。
	「ヒントの出し方」について考えよう	
3	二人組で一緒に動画資料「ヒントの出しかたをきめるはなしあい」（かいせつなし）を視聴し，気付いたことを相談したあと，発表する。 ペア　→　全体 C：ヒントを出すのは難しい。 C：私たちの問題では，どうしたらいいかな。	●ペアで動画資料を視聴させ，気付いたことを相談させたあと，全体で共有させるために発表させる。

4	全体で動画資料「ヒントの出しかたをきめるはなしあい」（かいせつあり）を視聴し，二人組での話し合いについて理解を深める。全体 	●学習者用かあるいは指導者用のデジタル教科書の動画資料を大型画面かスクリーンに投影しながら提示する。その際，途中で動画を停止させながら，大切な点について確認させていきたい。 　なお，今回の「クイズ大会」では，最初に提示するヒント以外のものは，回答者側の児童が答えを言えない場合に出していくことになるということもここで確認しておきたい。
5	二人組で自分たちの問題の「ヒントの出し方」を決めるための話し合いをする。ペア ・ヒントの出し方が決まったところで，紙のワークシートにまとめてみる。	●机間指導を行いながら，各ペアの「ヒントの出し方」を決める話し合いの様子を観察し，必要に応じて支援を行う。
6	同じ班のペアに，自分たちの「ヒントの出し方」について意見を求める。小グループ	●同じ小グループの中のペア同士で，「ヒントの出し方」について意見交換を行わせる。
7	「クイズ大会」に備えて，問題と確定した「ヒントの出し方」を紙のワークシートにまとめる。ペア	●次時に行う「クイズ大会」に向け，問題とヒントの出し方をワークシートに記入させておくようにする。
8	次時に行う「クイズ大会」について知る。全体 	●「クイズ大会」では，第1時で視聴した動画資料にもあるように，回答者側からの質問も受け付けることがあるため，ペアのどちらが質問に答える役をするのかということも，あらかじめ決めさせておきたい。また，時間に余裕がある場合，第1時に視聴した動画資料「りかさんとたくやさんのもんだい」（かいせつなし）を二人組で再度視聴させておきたい。 ※この部分の動画視聴については，ワークシートへの記入が終わったペアから自分たちで視聴させるようにしたり，休み時間などに視聴しておくようにさせたりしてもよい。

活用編・初級 HOP
活用編・中級 STEP
活用編・上級 JUMP
継続編

2 ｜ 国語辞典を使おう

●本単元におけるデジタル教科書活用のねらい

　本単元では，国語辞典の使い方を学習する。教科書の教材文の分量も増え，また，理科・社会科といった新たな教科の学習が始まる3年生では，文章を読んだり書いたりする際に必要な言葉の力を伸ばしていくことが必要になる。ここでは，そうした力を伸ばすために必要な国語辞典の使い方を確実に身に付けさせていきたい。

　学習者用デジタル教科書には，ワークの中に「国語辞典の使い方」という動画資料が収録されている。この資料では，辞典の「つめ」「はしら」といった呼び名とともに教科書に，掲載されている内容についても吹きだし表示で示されている。一斉指導において，実際に国語辞典を手に取らせて指導する際になかなか定着しにくい事柄ではあるが，動画資料で提示されているため，児童が理解できるまで，必要に応じて何度も繰り返し視聴できるようになっていることで，指導の際にとても有効に活用できる。

　また，ワークには，3種類の課題も用意されているので，国語辞典を使った調べ学習において取り組ませていくことで言葉の並び方や国語辞典の活用の仕方についての理解を深めることもできるようになっている。

　本教材では，指導時数が2時間と限られているため国語辞典の使い方を知らせることが目的となるが，今後の学習場面において，国語辞典の使い方に戸惑うようなことがあった場合，いつでもワークにある「国語辞典の使い方」の動画に戻って学習し直すことを奨励しておきたい。

●単元の指導目標と単元計画

・辞書の使い方を理解し使うことができる。 (知・技(2)イ)

・様子や行動，気持ちや性格を表す語句の量を増し，話や文章の中で使い，語彙を豊かにすることができる。 (知・技(1)オ)

【単元計画（全2時間）】

時	学習活動	使用する機能
1 ★	・国語辞典の見方を理解する。 ・見出し語の見つけ方を理解する。	ワーク 　資料（動画） 　見出し語の順序
2	・言葉の意味を調べる。	ワーク 　言葉の意味を調べる 　文章の間違い探し

●本時（第１時）の目標と評価［評価方法］

目 「国語辞典のれい」を使った言葉の意味の調べ方について理解する。

評 国語辞典の使い方について理解している。 ［発言・辞典の利用状況］

●本時におけるデジタル教科書活用のポイント

　本時は，国語辞典の使い方について，「国語辞典の各部の名称など[※1]」について理解させることと，見出し語がどのような順序で掲載されているのかということについての理解を深めさせることをねらいとしている。

　デジタル教科書を用いない場合には，一人ひとりに国語辞典を配付し，「国語辞典の各部の名称など」を確かめさせた上で，全員で一斉に，同じ言葉を「つめ」「はしら」「見出し語」を手がかりにして見つけさせ，意味を調べるといった指導が行われる。こうした場合，初めて手にする国語辞典についての情報が一度に与えられるために戸惑ってしまい，全体の流れについていくことができない児童も出てくる。

　デジタル教科書には，国語辞典で意味を調べる手順を示した動画資料が収録されているために，各自がきちんと理解できるまで何度でも繰り返し視聴することが可能となっている。この他，見出し語の見つけ方についてのワークも用意されているため，「見出し語の見つけ方[※2]」についての指導を行ったあとに，ワークを使って自分で予想立てをさせてから実際に調べるという活動に取り組ませやすくなっている。

　※１　「国語辞典の各部の名称」としては，「つめ」「はしら」「見出し語」がある。この他，「漢字での書きあらわし方」「言葉の意味」「言葉の使い方」など記載内容についても理解させていきたい。

　※２　見出し語の見つけ方として理解させたい点として，教科書では以下の３点が示されている。

　　①五十音順に掲載されている。

　　②清音→濁音→半濁音の順に掲載されている。

　　③「シール」「プール」のようなのばす音がある語は，「しいる」「ぷうる」のように「あ・い・う・え・お」に置き換えられて掲載されている。

　　　例　「カード」→「かあど」，「ゲーム」→「げえむ」，「ゴール」→「ごおる」

●学習活動の流れ

No.	学習活動・内容	指導上の留意点
1	国語辞典を手に取り，国語辞典の作りと，それぞれの部分の名称を確かめる。個別	●全員に国語辞典を配付し，国語辞典のそれぞれの部分の名称について確かめさせる。
2	本時の学習のめあてを確かめる。全体	●国語辞典のそれぞれの部分の名称を知るとともに，実際に利用するために必要なことについて学ぶことを伝える。

「国語辞典の使い方」を知ろう

No.	学習活動・内容	指導上の留意点
3	デジタル教科書のワークにある動画資料「国語辞典の使い方」を視聴し，国語辞典で言葉について調べるときの手順について知る。 個別　→　全体 	●動画資料については，最初に各自で視聴させ，次に全体で視聴していくようにする。全体で視聴する際には，学習者用か指導者用デジタル教科書の動画資料を大型画面かスクリーンに投影し，適宜停止させて解説を加えながら視聴させるようにしていきたい。 ※動画資料「国語辞典の使い方」については，辞典の使い方に慣れるまで，繰り返し視聴してよいことをここでしっかり伝えておきたい。
4	教科書33ページの「見出し語の見つけ方」について知る。全体	●「見出し語の見つけ方」について，デジタル教科書の画面を大型画面かスクリーンに投影しながら，全体で確かめさせる。 ●その際には，教科書140ページの五十音表も必要に応じて確認させるようにする。
5	「国語辞典」における言葉の掲載順序の決まりについて考える。個別 ・デジタル教科書のワークにある問題に取り組む。 ・問題に取り組んだら，実際に国語辞典で調べてみる。 	●「国語辞典」における言葉の掲載順序の決まりについて考える。 ●デジタル教科書のワークにある問題に取り組ませることにより理解を深めさせる。 ※ワークにある問題にすべて取り組ませてから国語辞典で調べさせるか，1問ずつ調べさせるかどうかは，児童の実態により決めていきたい。

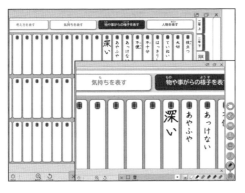

●国語辞典の使い方の動画資料をもう一度全員で視聴するとともに，学級全体で同じ言葉の意味を調べることを行い，本時で学んだ国語辞典の使い方を確認する。
※全体で確認のために調べる言葉は，ワークで扱った言葉の中から選ぶようにすると，調べる手順などを確認しやすい。

| 6 | 本時のまとめを行う。全体 |

活用編・初級　HOP

活用編・中級　STEP

活用編・上級　JUMP

継続編

POINT　ここでも使える！デジタル教科書

① 「言葉のたから箱」

　2年生以上の学習者用デジタル教科書には，紙の教科書と連動する形で「言葉のたから箱」の機能が用意されている。「人物を表す」「物や事がらの様子を表す」「気持ちを表す」「考え方を表す」というカテゴリーごとに，教材文で扱った言葉がまとめられている。ここに収録されている言葉の意味を調べさせたり，自分で意味を調べた言葉を書き加えさせたりすることにより，一人ひとりの「言葉のたから箱」としてまとめていくことができるようになっている。新たに語句を書き入れる際には，「どうぐ」のペンツールを使用し，画面をピンチアウトして拡大させて白紙の短冊に記入させるとよい。卒業まで同じ端末を使う場合，大きな財産として児童が大切にしていけるようになる。

② 「漢字フラッシュカード」

　デジタル教科書には，「まなぶ」の中に漢字学習ツールも用意されている。フラッシュカードの形式で学習した漢字の読み方・使い方を確かめることができるツールである。新出漢字の数が低学年と比較して大幅に増えてくる3年生の早い段階において，この機能の利用の仕方について指導しておくことにより，自主学習などの折に取組ができるようになっていく。また，その単元で学習する漢字だけでなく，当該学年全部の新出漢字についてもチャレンジできるようになっているため，漢字学習に興味・関心のある児童にとっては，楽しんで使える機能となっている。

3 ｜ 声に出して楽しもう

●本単元におけるデジタル教科書活用のねらい

　本単元では，古典の作品について解説した文章を読むことにより，内容の大体をつかませるとともに，実際に声に出して読むことを通して言葉の響きやリズムに親しませることをねらいとしている。

　指導時間は2時間と短くなっているが，教科書の解説文と合わせて，デジタル教科書のワークに収録されている音声資料を聞かせることにより，古典作品への理解を深めさせていきたい。また，有名な古典作品の冒頭部分を暗唱させる活動を行うことにより，古典作品の言葉の響きやリズムに一層親しませることができる。こうした活動には，ワークにある「暗唱しましょう」を積極的に活用させていきたい。

●単元の指導目標と単元計画

・古典について解説した文章を読んだり作品の内容の大体を知ったりすることを通して，昔の人のものの見方や感じ方について知識を得ることができる。

(知・技(3)イ)

・親しみやすい古文を音読するなどして，言葉の響きやリズムに親しむことができる。

(知・技(3)ア)

【単元計画（全2時間）】

時	学習活動	使用する機能
1 ★	・教科書の絵を見ながら，古典の世界を想像し，関心をもつ。 ・古典2作品「竹取物語」「平家物語」の冒頭部分の範読をデジタル教科書の「きく」機能を使って聞いたあとに各自で音読し，現代語訳や解説，デジタル教科書の「資料」を参考にして内容の大体を知る。 ・デジタル教科書の「ワーク」の学習材を利用し，暗唱に挑戦する。	「さしえ」 「きく」 ワーク 　資料 　暗唱しましょう
2	・古典2作品「徒然草」「おくのほそ道」の冒頭部分の範読をデジタル教科書の「きく」機能を使って聞いたあとに各自で音読し，現代語訳や解説，デジタル教科書の「資料」を参考にして内容の大体を知る。 ・デジタル教科書の「ワーク」の学習材を利用し，暗唱に挑戦する。 ・今回の学習を通じて，感じたことや考えたことなどをノートに書き，伝え合う。	「きく」 ワーク 　資料 　暗唱しましょう

●本時（第１時）の目標と評価［評価方法］

目 挿絵や資料を基に古典の世界を想像し，関心をもつ。

評 教科書の挿絵や資料を基に古典の世界を想像している。 ［発言・ノート］

●本時におけるデジタル教科書活用のポイント

　本時では，デジタル教科書「さしえ」機能を生かして挿絵を拡大し，「建物」や「服装」などの細部を見せることにより，古典の世界について想像させるとともに気付きを増やしていきたい。中でも，「竹取物語」の挿絵は，あとに学習する作品でもあることから，どのような場面なのかということを解説しながら見せるようにしていきたい。

　また，「ワーク」には多くの「資料」が収録されているが，すべてを授業時間内に視聴させることは時間的な制約もあるため，必要だと考えるものを視聴させるようにして効果的に古典の世界への理解を深めさせていきたい。授業で扱えなかった動画資料については，家庭学習や自主学習の時間などを利用して視聴できるようにさせていきたい。

　なお，暗唱に挑戦させる場面では，「ワーク」にある「暗唱しましょう」の学習材を積極的に活用させていきたい。

●学習活動の流れ

No.	学習活動　予想される児童の反応（C）	指導上の留意点
1	本単元で学習することについて知る。全体	●本文ビューの解説文を読ませることにより，本単元で学習することについてつかませる。
2	本時の学習のめあてを確かめる。全体	●教科書の資料やデジタル教科書の資料を基にして古典の世界について理解を深めることを伝える。
	古典の世界について知ろう	
3	古典作品に関わる挿絵を見ながら，気付いたことを発表し合う。個別・全体 ・デジタル教科書の「さしえ」機能を使う。 C：服装が今と違っている。 C：建物に壁がない。 	●「さしえ」機能を使い拡大した挿絵を見るようにさせ，気付いたことについて発言させたい。 ●「竹取物語」は，このあとの学習で冒頭部分を読む作品でもあるため，どのような場面であるのかということも解説をしておきたい。 ●なお，「かぐや姫」の話自体を知らない児童も増えてきているため，物語全体の流れを大まかに伝えることもあわせて行いたい。

4	「竹取物語」についての理解を深める。 ・解説を読み，「きく」機能で冒頭部分の範読を聞いたあと，デジタル教科書の「資料」にある「かぐやひめと五人の貴公子」を視聴する。 全体 → 個別 ・その後，気付いたことを発表する。 	●「かぐや姫」の話とつなげて，「竹取物語」についての理解を深めていく。
5	「平家物語」についての理解を深める。 ・解説を読み，「きく」機能で冒頭部分の範読を聞く。その後，デジタル教科書の「資料」にある「平家物語」を視聴する。 全体 → 個別 ・その後，気付いたことを発表する。  源平合戦図屏風（屋島合戦）　赤間神宮蔵	●初めて出会う作品でもあるため，デジタル教科書の資料を活用して理解を深めさせていきたい。 ●なお，「資料」の「琵琶による語り」については，収録時間が長いため，冒頭部分のみ視聴させるなど，必要に応じて利用させる（家庭学習や自主学習の時間に全編を視聴させるとよい）。
6	「竹取物語」「平家物語」の冒頭部分の暗唱に挑戦する。個別 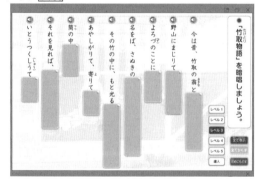	●デジタル教科書の「ワーク」にある「暗唱しましょう」を使い，暗唱に取り組ませる。自宅学習にもつなげられる活動であるため，授業の場面で利用のしかたを全員で確認しておきたい。
7	次時について知らせる。全体	●次時には，「徒然草」「おくのほそ道」について学習することを伝えるとともに，「暗唱」については，「ワーク」を利用しながら事前に取り組んでもよいことを知らせる。

POINT　ここでも使える！デジタル教科書

①マイ黒板「古文独特の言葉遣い」を抜き出す

　「まなぶ」の中にある「マイ黒板」の機能を使って，古文における独特の言葉遣いや言い回しなどを抜き出す活動を行わせることができる。

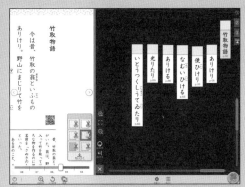

　本文抜き出し機能を使って，教科書で紹介されている古典4作品のそれぞれの冒頭部分から，児童が現在使っている言葉とは違った言い回しや独特の言葉遣いだと感じた部分を「マイ黒板」に作品ごとに抜き出させていく。作品ごとに黒板のページを切り替えて抜き出す活動を行わせる。一通り抜き出す活動が終わったあとに，この画面を大型画面やスクリーンに投影したり，あるいは，隣同士でタブレット端末を見せ合うことをさせたりすることにより共有させることを通じて，古典作品への興味・関心を高めていくことができる。

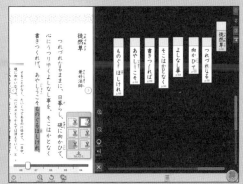

②挿絵の拡大

　本単元の指導では，挿絵の拡大機能を利用しているが，教科書に掲載されている挿絵について，デジタル教科書では「本文ビュー」と「さしえ」機能のどちらを使っても拡大ができるようになっている。本単元では，古典の世界である昔の人の服装や建物といったものについて，拡大した挿絵を基に気付いたことを自由に発言させていきたい。

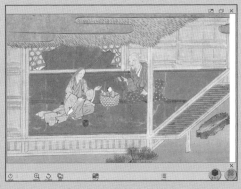

「さしえ」機能での拡大

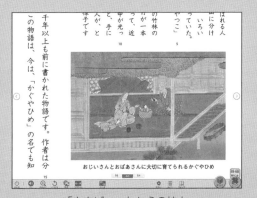

「本文ビュー」からの拡大

※両方とも，さらに拡大表示をすることが可能である。

4 | 登場人物の関係を捉え，人物の生き方について話し合おう

●本単元におけるデジタル教科書活用のねらい

　本単元では，登場人物の関係を捉え，人物の生き方について考えさせることをねらいとしている。このねらいを達成するためには，まず，登場人物同士の関係が分かる部分にデジタル教科書のマーカー機能で色を付けることを行いながら読み進めることに取り組ませたい。その際には，中心人物である「太一」から他の登場人物への想いと他の登場人物が「太一」に寄せる想いや与えた影響が分かるような色分けを工夫していきたい。そうすることにより，読み取った情報をまとめる段階で行う登場人物の関係を整理する学習活動において，それまでの読み取りで得たことを生かしやすくなる。

　また，読み取った情報をまとめる段階においては，ワークにある登場人物の関係を整理できる資料（「マイ黒板」）を活用して，作品中の登場人物の関係がひと目で把握できる登場人物同士の関係を表す図を作ることができるようになっているので積極的に利用させていきたい。

●単元の指導目標と単元計画

・文章を読んでまとめた意見や感想を共有し，自分の考えを広げることができる。

(思・判・表C(1)カ)

・人物像や物語の全体像を具体的に想像したり，表現の効果を考えたりすることができる。

(思・判・表C(1)エ)

・文章を読んで理解したことに基づいて，自分の考えをまとめることができる。

(思・判・表C(1)オ)

・語句と語句との関係，語感や言葉の使い方に対する感覚を意識して，語や語句を使うことができる。

(知・技(1)オ)

【単元計画（全6時間）】

時	学習活動	使用する機能
1	学習の見通しをもつ。 ・デジタル教科書の朗読機能を使って範読を聞く。	朗読音声 ワーク（資料）
2	物語の設定を確かめ，構成と内容を捉える。① ・登場人物同士の関係が分かる叙述に留意しながら読み進める。	マーカー
3 ★	物語の設定を確かめ，構成と内容を捉える。② ・登場人物の関係を整理する。	ワーク（マイ黒板） マーカー

4	物語の山場を読み深める。 ・登場人物同士の関係を表す図の情報も参考にしながら「太一」の心情に迫るための読みを行う。	ワーク（マイ黒板）
5	それぞれの登場人物の生き方について考え，それに対する自分の考えをまとめる。	ワーク（マイ黒板）
6	登場人物の生き方について考えたことを，グループで話し合い，学習を振り返る。	ワーク（マイ黒板）

●本時（第3時）の目標と評価［評価方法］

目 人物の生き方を考えるために，読み取った情報を基に登場人物の関係を整理することができる。

評 登場人物同士の関係を表した図を作成できている。　　　　　　　　［ワーク（マイ黒板）］

●本時におけるデジタル教科書活用のポイント

　本時は，前時からの読み取りを継続することと合わせて，読み取った情報を基にして登場人物同士の関係を捉えることをねらいとしている。様々な登場人物が「太一」に与えた影響をつかむことにより，物語の山場において，父の命を奪った宿敵かもしれない「巨大なクエ」と対峙した際の「太一」の心情に迫らせる際の一助としたい。

　前時からの読み取りの際に，マーカー機能を使用して色を付けた部分を生かして，登場人物同士の関係を表す図を作成させていきたい。それには，ワークの「とらえよう」にある「マイ黒板」の機能を生かすことができる。

　中心人物である「太一」に対してそれぞれの登場人物が寄せた想いや与えた影響が分かる語句を抜き出させるとともに，「太一」がそれぞれの登場人物に抱いた想いについても同じように抜き出させていきたい。なお，矢印を使用することで関わりを示しやすくなるため，使用においては，全体で，矢印の扱い方について取り上げていきたい。また，「ワーク」に用意されている「マイ黒板」には登場人物の名前のカードが事前に準備されているが，この配置の仕方についても各自で考えて，「太一」のカードを中心に置くなどといったように変更してよいことも合わせて伝えていきたい。なお，あくまでも読み取りにおいて把握した情報を整理し可視化することにより，物語の読み取りを深めるために図を作成するという視点を指導者はもつようにしたい。

●学習活動の流れ

No.	学習活動・内容	指導上の留意点
1	前時からの続きの活動を行う。全体 → 個別 物語の設定を確かめ，構成と内容を捉える。 	●マーカー機能を使って登場人物の関係が捉えられる部分に色を付けさせる。
2	本時の学習のめあてを確かめる。全体	●前時からの学習で得られた情報を元に登場人物の関係を捉え，図示することを知らせる。
	登場人物の関係を「登場人物同士の関係を表す図」に表そう	
3	デジタル教科書のワーク「とらえよう」にある「マイ黒板」の使い方について知る。全体	●「マイ黒板」における矢印の使い方（誰から誰に向かっているのかを考えて使うこと）や語句の抜き出し方について全体に知らせる。
4	ワーク「とらえよう」を利用して登場人物同士の関係を表す図を作る。個別 ・人物同士を線で結ぶ。 ・キーワードとなる言葉を抜き出してカードにして配置する。 	●登場人物同士の関係を表す図を作成するにあたり，登場人物の名前のカードの配置を変えてもよいことも知らせておきたい。 ●登場人物同士を線（矢印）で結び，その後，つながりを表すキーワードとなる語句を本文から抜き出し，カードにして配置させるようにする。 ●なお，ここで作成する図は，今後あらたな情報を得て手直しをすることも可能であることも伝えておきたい。
5	作成した図を友だちと比べ，それぞれ作成する際に気付いたことを交流させ合う。 ペアあるいはグループ 	●できあがった図を隣同士や同じ班の仲間とタブレットＰＣを見せ合うかたちで交流させ，気付いたことを伝え合わせる。時間に余裕があれば，何人かの図を大型画面やスクリーンに投影し，全体で共有し，それぞれが図の作成において考えたことやできあがった図を見て考えたことなどを発表させていきたい。
6	次時の学習について知る。全体	●次の時間には，本時に作成した相関図の情報も用いながら，「太一」が「巨大なクエ」と向き合う，物語の山場を読み深めることを伝える。

POINT ここでも使える！デジタル教科書

① 「海の命」に至るまでの教材における「登場人物同士の関係を表す図」作りの体験を

　登場人物同士の関係を表す図については，児童が普段から図書室で手に取るような物語の本などにも，その巻頭部分において掲載されていることがあり「見たことがある」という児童も多いと思われる。しかし，児童が実際にこうした図を作成する場合には，物語の中の情報を整理しながら行う必要があり，慣れないうちは難しさを伴うことが考えられる。

　そのため，今回，6年生の3学期に扱う教材である「海の命」で関係図を作成する活動を行う前に，既習教材を使って登場人物の関係を図で表すといった活動に取り組ませるようにしておきたい。

　既習教材を利用する際の利点は，作品の内容そのものについての理解もあり，登場人物同士の関係についても把握できているといったことである。図を作成するという活動については，総合的な学習の時間だけでなく，様々な教科の学習においてもイメージマップのような思考ツールを扱う機会が増えてきているため，児童も抵抗なく取り組めるものと考えられる。

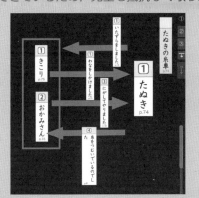

1年「たぬきの糸車」

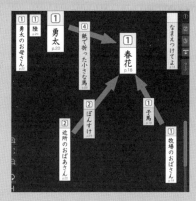

5年「なまえつけてよ」

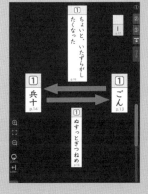
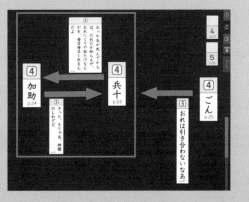

4年「ごんぎつね」1の場面（左），4・5の場面（右）

2年　「スーホの白い馬」【読むこと・文学】

1 | お話のお気に入りの場面を見つけて，伝え合おう

●本単元におけるデジタル教科書活用のねらい

　本単元では，物語の中のどのような場面なのかを明らかにしながら，登場人物の行動描写や会話文を具体的にイメージしたり，行動や会話の理由について想像を広げたりする。そして，作品を読んで，いちばん好きな場面を理由とともに紹介し合い，感じ方の違いをお互いに認め合う活動を行う。

　単元では，まず，デジタル教科書に収録されている馬頭琴の演奏を聴き，この楽器の由来について書かれた作品を読んでみたいという関心を高める。次に，本文抜き出し機能を使い，時・場所・登場人物など設定を確認する。そして，場面ごとに登場人物の行動描写や会話文を抜き出し，登場人物の様子を具体的に想像する。このとき資料「言葉のたから箱」を活用して人物の様子や気持ちを表す語彙と出会い，使う機会を増やしたい。また，挿絵拡大画面に吹き出しを付けて，おおかみから羊を守る白馬の思いを書き込ませたり，資料「挿絵並べ替え」を使用して物語のあらすじを説明したりする活動も並行して行う。場面ごとに読んだあと，特にお気に入りの場面とその理由となる表現について自分の考えをまとめ，共有する活動を行う。その際，これまで作成した本文抜き出し機能の画面の中から一つを選んで説明するようにする。同じ場面を選んだ児童，異なる場面を選んだ児童のように交流相手を入れ替えることで，一人ひとりの受け取り方の違いを受け止め，互いの感じ方の違いを認め合えるようにする。なお，デジタル教科書には「馬頭琴」等の写真資料が収録されている。必要に応じ，参照させたい。

●単元の指導目標と単元計画

・身近なことを表す語彙を増やし，話や文章の中で使うことができる。　　　　　（知・技(1)オ）

・場面の様子に着目して，登場人物の行動を具体的に想像することができる。

（思・判・表C(1)エ）

・文章を読んで感じたことや分かったことを共有することができる。　　　（思・判・表C(1)カ）

【単元計画（全12時間）】

時	学習活動	使用する機能
1	・馬頭琴の演奏を視聴し，作品への興味を高める。 ・全文の朗読を聞き，初発の感想を書く。	資料（動画），朗読音声
2	・単元のめあてを設定し，学習の見通しをもつ。 ・物語の設定を確かめる。	本文抜き出し機能

3	・スーホと白馬が出会った場面を読み，それぞれの登場人物の様子を考える。	挿絵並べ替え，本文抜き出し機能，言葉のたから箱
4	・白馬が羊をおおかみから守る場面を読み，そのときの白馬とスーホの様子を考える。	挿絵並べ替え，本文抜き出し機能，言葉のたから箱，挿絵拡大画面
5	・競馬に出て，とのさまに白馬を取り上げられる場面を読み，そのときの登場人物の様子を考える。	挿絵並べ替え，本文抜き出し機能，言葉のたから箱
6 ★	・白馬がとのさまの元からスーホのところに帰ってくる場面を読み，そのときの白馬の様子を考える。	挿絵並べ替え，本文抜き出し機能，言葉のたから箱
7	・白馬がとのさまの元からスーホのところに帰ってくる場面を読み，そのときのスーホの様子を考える。	挿絵並べ替え，本文抜き出し機能，言葉のたから箱
8	・スーホが馬頭琴を作る場面を読み，そのときの白馬とスーホの様子を考える。	挿絵並べ替え，本文抜き出し機能，言葉のたから箱
9	・馬頭琴がモンゴルの草原中に広まった場面を読み，馬頭琴が広まった理由や聞いている人の思いについて考える。	挿絵並べ替え，本文抜き出し機能，資料（動画）
10	・お気に入りの場面とその理由について，自分の考えをまとめる。	本文抜き出し機能
11	・お気に入りの場面とその理由を紹介し合い，感想をまとめる。	本文抜き出し機能
12	・単元の学習を振り返る。	

●本時（第6時）の目標と評価［評価方法］

目 登場人物の行動の様子を具体的にイメージし，その理由を読み取ることができる。

評 登場人物の行動を抜き出し，その様子や理由についてメモしている。 ［本文抜き出し画面］

評 登場人物の行動を基に，その様子や理由について表現している。 ［発言・記述］

●本時におけるデジタル教科書活用のポイント

　本時は，白馬がとのさまのところからスーホの元に戻ってきて命を落とすまでの場面を読み，白馬の行動を具体的に想像する学習を行う。

　導入では，資料「挿絵並べ替え」を使ってお話の順番に挿絵を並べ替え，挿絵ごとに誰が何をしたのかを説明し合う。場面ごとに詳しく読み進める際，全体を見渡し，各場面を端的に説明する活動を行い，どの場面を学習するのかを明らかにしてから授業に臨ませる。説明するペアや順番を替えながら単元を通して繰り返し行い，全員が出来事を順番通り話せるようになるまで行いたい。

　展開部分では，まず，本文抜き出し機能を使って登場人物のしたことを抜き出す。次に，特に登場人物の気持ちが読み取れるところを強調したり関連付けたりしながら具体的に人物の様子を想像する。その後，行動の理由を他の場面と結び付けて考える。本文抜き出し機能を使う

と，さまざまな場面の叙述を一箇所にまとめて見渡すことができ，関連付けたり，様子を詳しく想像したりしやすくなる。

　人物の性格や気持ちを詳しく考えるにあたって「言葉のたから箱」を参考にする。デジタル教科書には下学年と次学年の「言葉のたから箱」が収められており，日頃から参照させ，語彙を増やしたい。

●学習活動の流れ

No.	学習活動　予想される児童の反応（C）	指導上の留意点
1	資料「挿絵並べ替え」を使って，挿絵を場面の順序に並べ替える。個別	●誰が，何をした場面なのかを思い出しながら並べ替えさせる。教科書画面を参照させてもよい。
2	挿絵を指し示しながら，場面ごとに出来事を説明し合う。ペア 	●ペアに分かれ，挿絵の順序を確かめ，誰が何をしたのかを説明し合わせる。挿絵ごとに交代しながら説明させ，互いの説明の仕方を参考にさせる。 ●説明しにくそうな児童には誰が，何をしたのかを中心に説明するとよいことを伝える。並べ替えた順番に拡大表示する機能もあるので，児童が説明しやすい方を使用させる。
3	本時の学習のめあてを確かめる。全体	
	とのさまのところからにげだしたときの白馬のようすを考えよう	
4	白馬がとのさまのところから，スーホの元に帰る場面を音読する。全体	●本時の学習範囲を示し，登場人物の様子を考えることを伝える。
5	本文抜き出し機能を使って，白馬のしたことを抜き出す。個別 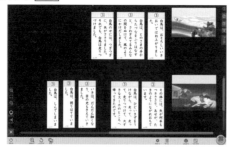	●白馬の行動描写を探しながら読むよう指示する。 ●登場人物のしたことに着目することで，その様子を具体的に想像できることを思い出させ，白馬のしたことを抜き出させる。 ●取り組む手がかりの見つからない児童や，一つだけ抜き出して安心している児童には，主語と述語の関係にふれ「白馬『は』」と書かれている文に目を向けさせたり，いくつ見つかったか声を掛けたりする。
6	画面を見せながら，白馬のしたことを説明し合う。ペア	●説明を聞き終わったあと，納得すれば自分の画面を修正してもよいことを伝える。修正した児童がいれば，相手の説明を認め，取り入れたその姿勢を評価する。

7	白馬がスーホのところに帰りたかった気持ちの強さが分かるところに書き込みを行う。個別 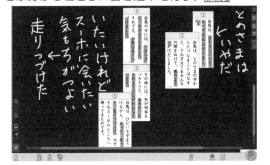	●とのさまのところを逃げ出し，スーホの元に戻る白馬の気持ちが特に分かる表現にマーカーや書き込みを行わせる。 ●取り組む手がかりが見つからない児童がいれば，動作化を通して「おそろしいいきおいで」「風のように」等の与える印象に目を向けさせたり，マーカーを引いている児童に考え方のヒントを紹介させたりして，様子を想像するための手がかりに気付かせる。
8	画面を見せながら，白馬がスーホのところに帰りたかった気持ちの強さが分かるところを説明し合う。ペア C：矢が刺さって痛くてたまらないはずなのに，走り続けていて，スーホに会いたい強い気持ちが分かる。	●マーカーを引いた表現をお互いに確かめ，それらの表現から想像した白馬の様子を説明し合う。説明を聞いて納得したら，自分の画面を修正してもよいことを伝える。
9	とのさまのところから逃げてきた白馬の気持ちについて発表する。全体	●児童の画面を拡大投影して発表させる。書き込みの少ない児童から指名し，徐々に理解を深める。
10	白馬がどうしてそこまでしてスーホの元に帰りたかったのか，白馬の行動の理由を想像する。個別 	●これまで学習した場面から，白馬のスーホへの思いを考える手がかりを見つけさせる。 ●とのさまと対比することで，スーホと白馬の関係が見えやすくなる。白馬にとって，とのさまとスーホにどのような違いがあるのかを問い，白馬への見方の違いが分かる表現を抜き出させてもよい。 ●登場人物の人柄を端的に表す言葉が思い浮かばない児童には，「言葉のたから箱」の「じんぶつをあらわす」言葉を参照させるとよい。
11	白馬がどうしてそこまでしてスーホの元に帰りたかったのか，白馬の行動の理由を発表する。全体	●児童の画面を拡大投影して発表させる。発表を聞き，友だちの考えを取り入れてもよいことを伝える。 ●どの場面の表現か分からない児童もあるだろう。その際，抜き出したカード下部のページ番号を読み上げて抜き出し元を確かめたい。 ページ番号
12	本時学習した中でお気に入りの表現とその理由をノートに書き，本時の振り返りを行う。個別	●どの表現に着目して，どのようなことを考えたのかをノートに書かせる。

2 | 段落の中心を捉えて読み，感想を交流しよう

●本単元におけるデジタル教科書活用のねらい

　本単元で，児童は段落の意味や働きを学習する。その知識を生かして，各段落の中心を正しく押さえ，文章を大きなまとまりに分けたり，段落相互の関係を捉えたりする。こうして，文章内容だけでなく，文章の構成を読み取る力も身に付けていく。

　構成を理解するために，本文抜き出し機能を用いて，段落の中心となる表現を抜き出して，表の形で整理する。段落の中心を正しく押さえるだけでなく，それらを一つの画面にまとめて一覧化できるため，段落間の関係を捉えやすくなる。また，それぞれの事例に写真が用いられている教材の特徴を生かして，写真を抜き出して操作しながら事例を分類したり，事例の順序について確かめたりする学習を行う。本文抜き出し機能のほかにも，教材に即した資料を用いることで，教材文に示されている言葉遊びやこまの特徴を具体的に理解しやすくなる。

●単元の指導目標と単元計画

・段落の役割について理解することができる。 (知・技(1)カ)
・全体と中心など情報と情報との関係について理解することができる。 (知・技(2)ア)
・段落相互の関係に着目しながら，考えとそれを支える理由や事例との関係などについて，叙述を基に捉えることができる。 (思・判・表C(1)ア)
・目的を意識して，中心となる語や文を見つけることができる。 (思・判・表C(1)ウ)

【単元計画（全7時間）】

時	学習活動	使用する機能
1	・「言葉で遊ぼう」を読み，「段落」について知る。 ・単元のめあてを設定し，学習の見通しをもつ。	朗読音声，資料
2	・各段落の内容を読み，「初め」「中」「終わり」の構成を知る。 ・「言葉で遊ぼう」を読んだ感想を交流する。	本文抜き出し機能
3	・「こまを楽しむ」を読み，「問い」と「まとめ」に着目し「初め」「中」「終わり」に分ける。 ・自分が遊んでみたいこまの動画を視聴しテーマへの興味を高める。	朗読音声，資料（動画）
4	・「答え」を探しながら「中」を詳しく読む。 ・段落の中心に着目して，文章の構成を表に整理する。	本文抜き出し機能
5 ★	・「終わり」で「中」の事例がどのようにまとめられているのか確かめる。	本文抜き出し機能

| 6 | ・遊びたいこまを選び，理由と合わせて説明する文を考える。 | 本文抜き出し機能 |
| 7 | ・遊んでみたいこまについて，考えを交流する。
・単元の学習を振り返る。 | 本文抜き出し機能，
「さしえ」，拡大画面 |

●本時（第5時）の目標と評価［評価方法］

目　「終わり」と「中」との段落相互の関係に着目して，文章全体の構成や「中」の段落関係を整理して捉えることができる。

評　本文の表現に着目して「終わり」と「中」との対応を理解している。

［本文抜き出し画面］

評　「中」の段落相互の関係を理解している。

［本文抜き出し画面・発言・記述］

●本時におけるデジタル教科書活用のポイント

　本時は，「終わり」と他のまとまり，特に「中」との対応を整理して押さえることをねらっている。児童は，事例を正しく分類し，事例の順序と「終わり」の表現とが対応していることを理解する必要がある。

　導入では，前時の復習を兼ねて，本文抜き出し機能を用いて，事例の数と順序に関する間違い探しを行う。写真を抜き出して並べ替えるだけの活動なので，多くの児童にとって参加しやすいだろう。また，間違い探しという形式を取ることによって，安心して問題を作ることができる。十分に理解できていなくとも答え合わせの過程で，「中」の事例についてゆっくり確認することができる。こうして「中」の事例の内容と順序を確かめた上で，「終わり」に書かれたまとめ方について一文ずつ具体的に確かめる。本文抜き出し機能は，児童が言葉で説明しやすいように整理するために用いる。カードを動かしたり，メモしたりするだけなので考えを表現しやすいだろう。また，友だちとの交流を経て，考えを修正したり，相手の考えを取り入れたりしやすいので，少しずつ理解を深めることができる。

　写真を動かしながら事例の順序を考えることによって，説明の順序には意味があることが児童の印象に残るだろう。この学習は自分で説明文を書くときや「すがたをかえる大豆」で事例の順序を考える際にも役立つ。

●学習活動の流れ

| No. | 学習活動　予想される児童の反応（C） | 指導上の留意点 |
| 1 | 本文抜き出し機能を使い「中」で説明されている事例の写真を抜き出し，間違い探しを作る。個別 | ●「中」で事例として挙げられているこまの写真を一枚ずつ抜き出し，順序を入れ替えて問題を作る。 |

2	間違い探しを解き合い，「中」で説明されている事例の数と順序について確かめる。ペア 	●1で作った問題をペアで解き合い，本文で示されていた事例の順序に並べ替えさせる。「中」の事例の数と順序を押さえることを目的としているため，教科書画面を見ながら解かせてよい。 ●プリントごまを抜き出している児童がいれば，「中」の事例に当たるかどうかを考えさせる。  「プリントごま」
3	本時の学習のめあてを確かめる。全体	●「このように」はまとめの目印になることを思い出させ，「中」を「終わり」でどのようにまとめているかを確かめることを伝える。

「終わり」のまとめ方についてたしかめよう

4	第八段落を音読する。全体	●自分が読みやすいように調整した教科書画面，紙の教科書のどちらを読ませてもよい。
5	本文抜き出し画面を使って，第八段落一文目，二文目と「中」との繋がりについて考える。個別 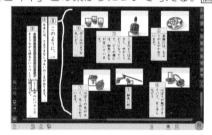	●一文目は「こまの種類」の多さ，二文目は「こまのつくり」の共通点と相違点について述べている。 ●筆者がどのようにまとめているか，「中」から抜き出した写真や表現を使って詳しくペアで説明する活動を行うことを伝える。 ●説明に際しては写真を指し示すだけでなく，こまの軸の部分に印を付けたり，胴の形を表す言葉を書き加えたりして，分かりやすく伝えるよう指示する。
6	第八段落一文目，二文目と「中」との繋がりについて説明し合う。ペア	●事例をどのようにまとめているかを説明させる。友だちの説明の仕方や画面の作り方で納得すれば取り入れてもよいことを伝える。
7	本文抜き出し機能を使って，第八段落三文目と「中」との繋がりについて考える。個別 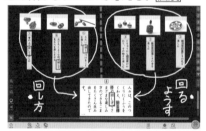	●三文目では，こまの「楽しみ方」について，「回る様子」と「回し方」にくくってまとめている。 ●筆者のまとめ方にしたがって，「中」の事例を分類して説明する活動を行うことを伝える。筆者が各事例を「回る様子」，「回し方」のどちらにまとめているかを考えさせ，説明のために書き込んだり，言葉を抜き出したりするよう促す。 ●活動中，児童の画面から分類のパターンや根拠を見取る。筆者の捉え方を尋ねているにもかかわらず，自分の思いばかりで分類している児童がいるかもしれない。「中」の「楽しみ方」の表現を用いている児童の画面を拡大提示し，本文に根拠を求めている姿を参考にするよう促す。

8	第八段落三文目と「中」との繋がりについて説明し合う。ペア	●どの表現に着目したのかも説明するよう指示する。 ●説明を聞いたり，まとめ方を見たりして，よいと思ったことは積極的に取り入れるよう指示する。
9	第八段落三文目と「中」との繋がりについて発表する。全体	●発表する児童の画面を拡大投影して発表させる。 ●ここまでの様子から児童のまとめ方を見取り，少数派，多数派の順で指名する。後半は，事例の「楽しみ方」から「回っている／回り方」「回す」を根拠にした児童の画面を提示して説明する。
10	「終わり」と事例の順序の関係を確かめる。全体 	●発表を聞き，画面を修正してもよいことを伝える。 ●事例の順序が「回る様子」「回し方」の順になっていることを押さえる。 ●事前に教師用端末の本文抜き出し画面に写真を並べておく。画面を拡大提示し，写真を動かしてプリントごまと色や形が似ている「ずぐり」を事例の先頭においてもよいか尋ねる。 ●事例の分類を手がかりに，筆者の考えた事例の順序と「終わり」の表現とが対応していることに気付かせる。
11	本時の振り返りを行う。個別 Ｃ：「中」で，こまを「回る様子」「回し方」の順で説明して，「終わり」でもそのようにまとめていた。	●まとめ方について，事例の分類や順序に着目し，「終わり」のまとめ方の関係について発言させたり，ノートにまとめさせたりする。

[参考文献] 桂聖『「めあて」と「まとめ」の授業が変わる「Which 型課題」の国語授業』東洋館出版，2018年

POINT　ここでも使える！デジタル教科書
（第4時「段落の中心を捉え，文章構成が分かるよう整理する」）

　本文抜き出し機能を使って，段落の中心となる語句を抜き出して整理する。二つの「問い」と，それらに対応する「答え」を色分けして抜き出す。その際，教科書画面に引いたマーカーの色と揃えることで，前時までの学習との繋がりを意識させたい。また，枠の定まったワークシートを用いるのではなく，児童にまとめ方から考えさせる。児童にとって，これまでふれた情報整理の仕方を振り返ったり，言葉や段落同士の関係に気を付けて教材文を読み返したりする機会になる。

3 | 登場人物の気持ちの変化を捉え，作品を読んで考えたことを伝え合おう

●本単元におけるデジタル教科書活用のねらい

　本単元では，まず中心人物であるごんの人物像について捉える。次に場面ごとに行動描写や会話文に着目して登場人物の気持ちを読み取ったあと，作品全体を見渡してその変容について理解を深める。そして，作品の終わり方について考えを交流したあと，自分の考えをまとめ直す。

　本文抜き出し機能を使えば，作品中のさまざまな情報をまとめたり関連付けたりすることができる。その特長を利用して，まず，ごんがどのような人物なのかについて「1」の場面だけでなく，作品全体からごんの人物像が分かる表現を抜き出し，ごんの人物像についてまとめる。また，登場人物の心情の変化を心情曲線にして表す際にも，この機能を用いる。本文の叙述を用いて細かな変化を考えて表現する活動を行うことは，一つひとつの言葉に注意して作品を詳しく読み直すことにつながる。

　本作品には，「しだ」や「彼岸花」など児童にとってイメージしにくい表現が含まれている。必要な児童には写真資料やそこに書かれている説明を参照させるとよい。また，ごんのつぐないは，ごんの心情を捉える際に重要な役割を果たす。書き込み機能を使って教科書画面に線を引いたり印を付けたりしながら読むことで，見返したときにつぐないのきっかけや内容に着目しやすくなり，心情の変化が捉えやすくなる。

●単元の指導目標と単元計画

・様子や行動，気持ちや性格を表す語句の量を増やし，語彙を豊かにすることができる。

（知・技(1)オ）

・登場人物の気持ちの変化や性格，情景について，場面の移り変わりと結び付けて具体的に想像することができる。

（思・判・表C(1)エ）

・文章を読んで理解したことに基づいて，感想や考えをもつことができる。（思・判・表C(1)オ）

・文章を読んで感じたことや考えたことを共有し，一人ひとりの感じ方などに違いがあることに気付くことができる。

（思・判・表C(1)カ）

【単元計画（全9時間）】

時	学習活動	使用する機能
1	全文を通読し，初発の感想をまとめる。 学習課題を設定し，単元の見通しをもつ。	朗読音声，資料（写真）
2	ごんの人物像に関して詳しく考え，まとめる。	本文抜き出し機能

3 4	ごんにとってのつぐないについて，そのきっかけや内容など詳しく読み，ごんの気持ちをまとめる。	本文抜き出し機能
5	「4」と「5」の場面におけるごんの気持ちについてまとめる。	本文抜き出し機能
6	「6」の場面における兵十とごんの気持ちについて考える。	本文抜き出し機能
7 ★	物語全体におけるごんと兵十の気持ちの変化についてまとめ，そのことについて考える。	本文抜き出し機能
8 9	物語の結末について自分の考えをまとめ，話し合う。 単元の学習について振り返る。	本文抜き出し機能

●本時（第7時）の目標と評価［評価方法］

目 登場人物の心情の変容について叙述を基に捉え，自分の考えをもつことができる。

評 登場人物の心情が分かる表現を抜き出し，その変容を図示している。　［本文抜き出し画面］

評 場面ごとの心情の変容や，両者のすれ違いについて自分の言葉でまとめている。

［発言・ノート］

●本時におけるデジタル教科書活用のポイント

　前時までにごんの人物像を整理し，場面ごとにごんの気持ちを中心に詳しく考えてきた。本時は，ここまでの学習を生かして本文抜き出し機能を使い，叙述を基に登場人物の心情の変容を図示する。

　まず，授業の導入では，事前にこの機能を使って教師が作成しておいた心情曲線の選択肢を示す。選択肢を示すことで児童が答えやすくなるだけでなく，本時で取り組む活動のイメージを具体的にもたせることができる。また，ここでは極端な変化の例を示し，正しく説明するためにさらに細かく表したいという児童の意欲を高めることもねらっている。

　その後，ごん，兵十の順に心情曲線を作成させる。気持ちが読み取れる文を抜き出すにあたっては，これまで教科書画面に印を付けてきたつぐないの描写が参考になるだろう。抜き出したカードは，「相手への思いが強まったか・弱まったか」と考えながら配置していく。説明し合う場面では，自分が気付かなかった表現を相手が抜き出していたり，同じ表現を抜き出していても置いた場所が異なっていたりするだろう。「何」を抜き出して，「どこに」置いているかに着目し，お互いの読み取り方の違いについて話し合わせる。相手の話を聞いて納得したら，自分の画面を修正してよいことを念頭において学習に取り組ませたい。

●学習活動の流れ

No.	学習活動　予想される児童の反応（C）	指導上の留意点
1	教師が示す登場人物の気持ちの距離の変化を表した図から，自分の考えに近いものを選ぶ。個別 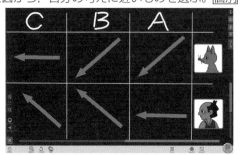	●物語全体における登場人物の気持ちの距離の変化について，事前に教師が本文抜き出し機能を使って選択肢を作り，拡大投影する。選択肢を用意することで活動に参加しやすくするとともに，本時の活動イメージをもたせる。導入のため，細かな変化が分かる正しい図というよりも，大きな変化が分かりやすい図を用意しておく。
2	自分が選択したパターンについて，説明し合う。ペア C：ごんは，どんどん兵十のことが気になっていくし，兵十はごんのことを嫌っていると思うから「A」に近い。	●A～Cでは説明しきれず悩んでいたり，手で細かな変化を表現して説明したりする児童がいれば指名し，どうすれば細かく表せそうか尋ね，行動描写や会話文を詳しく読むことへの意識を高める。
3	本時の学習のめあてについて確かめる。全体	●「相手への思いが強まったか・弱まったか」「それはどこから分かるか」を考えることを理解させる。

ごんと兵十の気持ちの変化について図に表そう

No.	学習活動　予想される児童の反応（C）	指導上の留意点
4	本文抜き出し機能を使って，ごんの兵十への気持ちの変化を図で表す。個別 C：「おれと同じ，ひとりぼっちの兵十か。」は，ごんが，兵十と自分の共通点を見つけているから，兵十のことを思う気持ちが強まったと思う。 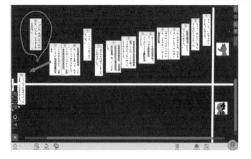	●この心情曲線では，相手への思いが強まれば相手側にカードを近づけ，弱まればカードを遠ざける。心情曲線を作るのに不慣れな場合，初めのうちは方法を確かめながら一緒に進めるとよい。 ●まずは，相手への気持ちが分かる表現を集めて，その後に置き場所を考えると取り組みやすい。 ●抜き出せずに困っている児童には，これまで作成した本文抜き出し画面や，教科書画面にマーカーを引いたつぐないに関する記述などを活用させたい。
5	画面を見せながら，自分の考えについて説明し合う。ペア C：いわしを投げ込んだときと比べて，栗を入り口に置いて帰っているときの方が，ごんの兵十への思いが高まっていると思ったよ。 C：栗を「どっさり」持っているし，僕も同じ考えだ。	●カードが遠のいたところ，近づいたところを中心に自分の考えを説明し合う。 ●抜き出す言葉や，同じ言葉を抜き出しても置く位置が違っているときは相手に質問させる。 ●友だちの考えを聞いたり，抜き出し方を見たりして，よいと思ったことは取り入れるよう指示する。

6	ごんの兵十への気持ちの変化について発表する。全体 C：つぐないを行っているのに，神様のおかげだと思われて「引き合わないなぁ。」と感じたところは，がっかりして兵十との距離が遠のいたと思います。	●発表する児童の画面を拡大投影する。抜き出したカードが少ない児童や変化の差が小さい児童から順に発表させ，少しずつ理解を深めたい。 ●発表を聞いて納得すれば，自分の画面を修正してもよいことを伝える。
7	兵十のごんへの気持ちの変化を図で表す。個別	●兵十のごんに対する見方は記述量が少ないため見つけにくいことが予想される。心情は行動描写や会話文から想像できることを思い出させ，それらの有無を確かめさせたり，兵十のごんに向けた振る舞いや呼び方に着目させたりする。
8	兵十のごんへの気持ちの変化について発表する。全体 	●発表する児童の画面を拡大投影する。 ●兵十が駆け寄る部分と火縄銃を取り落とす部分で違いが現れるだろう。その後の兵十の行動やごんへの呼び方に着目して考えさせたい。
9	ごんと兵十の気持ちの変化を見返して感想を書いて，本時の学習を振り返る。個別 C：ごんが撃たれたから悲しいお話だと思っていました。それだけではなくて，兵十に全然気付いてもらえていないことも悲しく感じる理由なんだと思いました。	●ごんの気持ちは兵十へと徐々に近づいており，兵十は撃ったあとになってようやくごんに対して気持ちが近づいたことを振り返って感想を書かせる。

［参考文献］白石範孝『白石範孝集大成の授業 「ごんぎつね」全時間・全板書』東洋館出版，2016年

POINT　ここでも使える！デジタル教科書
（第2時「ごんの人物像に関して詳しく考え，まとめる」）

　人物像を捉えるときは，複数の叙述を手がかりにして考える必要がある。本文抜き出し機能を使えば，離れた箇所の叙述を一つの画面に集め，関連付けることができる。また，学習を進めていくうちに，新しい気付きを付け足すこともできる。全員が1時間で完成させる必要はなく，単元を通して自分のペースで更新させていきたい。

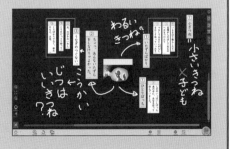

活用編・初級 HOP
活用編・中級 STEP
活用編・上級 JUMP
継続編

4 | 事実と意見を分けて捉えて読み，筆者の主張について考えをまとめよう

●本単元におけるデジタル教科書活用のねらい

　本単元では，筆者の意見とそれを支える事例を区別して読み，筆者の表現や論の展開など説明の工夫を確認し合う。そして，今後どのようにメディアや情報と付き合っていきたいかについて自分の考えをまとめる活動を行う。

　まず，筆者が児童に向かって問いかける動画資料を視聴し，関心を高めてから教材文と出会わせる。次に，教科書画面にマーカーで色分けしながら筆者の主張と事例を押さえて「初め」「中」「終わり」の三つのまとまりに分ける。そして，本文抜き出し機能を用いて事例と筆者の意見との関係を整理したあと，表現や論の展開に着目して筆者の説明の工夫についてまとめる。本文中の表現を用いながら論の展開を図示する活動を行うことで，児童は，用いられている表現や順序に細かく注意を向けながら教材文を読み直すことができる。作成した画面を使って自分が見つけた筆者の工夫を説明し合う場面では，相手の意見やまとめ方のよいところを見つけ積極的に取り入れて，内容ではなく書かれ方を読み取る力を高めさせたい。

●単元の指導目標と単元計画

・文の中での語句の係り方や語順，文と文との接続の関係，文章の構成や展開，文章の種類とその特徴について理解することができる。　　　　　　　　　　　　　　　　　（知・技(1)カ）

・事実と感想，意見などとの関係を叙述を基に押さえ，文章全体の構成を捉えて要旨を理解することができる。　　　　　　　　　　　　　　　　　　　　　　　　　　　（思・判・表C(1)ア）

・文章を読んで理解したことに基づいて，自分の考えをまとめることができる。

　　　　　　　　　　　　　　　　　　　　　　　　　　　　　　　　　　　（思・判・表C(1)オ）

【単元計画（全6時間）】

時	学習活動	使用する機能
1	・動画資料を視聴し，教材文を読む。 ・単元のめあてを設定し，学習の見通しをもつ。	資料（動画），朗読音声
2	・筆者の主張と事例を捉え，本文を三つのまとまりに分ける。	
3 ★	・三つの事例と筆者の意見との対応や，事例を用いて説明することのよさを確かめる。	本文抜き出し機能
4	・筆者の説明の工夫（表現，論の展開）について考える。	本文抜き出し機能
5	・「もっと読もう」を読み，メディアの特徴を理解する。 ・今後メディアとどのように関わっていきたいか考えをまとめる。	

| 6 | ・メディアとの関わり方についてまとめた文章を読み合う。
・単元の学習を振り返る。 | |

●本時（第3時）の目標と評価［評価方法］

目 事例と意見の関係を理解し，事例を用いることのよさについて説明することができる。

評 事例と意見の関係を明らかにしている。 ［本文抜き出し画面］

評 事例を用いて説明することのよさについて説明している。 ［発言・記述］

●本時におけるデジタル教科書活用のポイント

　本時は，事例と意見の関係を押さえ，筆者の事例の使い方のよさについてまとめる活動を行う。前時までに教科書画面にマーカーを引きながら筆者の主張と事例を捉え，本文を「初め」「中」「終わり」の三つに分ける学習を行っている。本時は，まず，教科書画面への書き込みを見ながら筆者の主張と三つの事例を振り返る。次に，本文抜き出し機能を用いて，事例と筆者の意見との対応をまとめる。本文抜き出し機能を使えば，ノートに表を書いてまとめるよりも短い時間で対応関係を整理できるだけでなく，着目した表現同士の関係について書き込みや位置などを工夫してまとめやすくなる。また，個別作業が短くなる分，ペア対話の時間を長く取ることができるため，相手の説明を詳しく聞いて，自分の考えを広げたり深めたりしやすくなる。

　なお，次時は，筆者の用いている表現や論の展開の工夫を見つける活動を行う。本時の画面を使い，事例の順序や関係などについて考えたことを書き加えたり，抜き出した言葉を動かしたりする。

●学習活動の流れ

No.	学習活動　予想される児童の反応（C）	指導上の留意点
1	筆者の主張を振り返り，三つの事例のうちどれがいちばん大切だと思うか，話し合う。ペア C：「想像力のスイッチ」の具体的な説明が書かれているから，サッカーチームの監督就任報道の事例がいちばん大切だと思う。	●前時学習した筆者の主張と三つの事例を正しく押さえられているかを確認する。サッカーチームの監督就任報道について挙げる児童が多いと思われる。他の事例を用いる意味について予想させ，めあてに繋げる。
2	本時の学習のめあてを確かめる。全体	●三つの事例と筆者の意見を整理して事例を用いる効果について考えることを伝える。
	事例と意見との関係を整理し，事例の使い方のよさを考えよう	

3	本文抜き出し機能を使って，マラソン大会と図形の事例に対応する筆者の意見についてまとめる。 個別 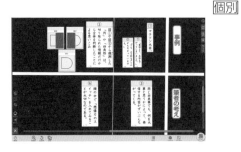	●まず，「初め」に二つの事例を挙げた意図を考えるため，対応する意見を整理する。できるだけ短い言葉で抜き出させるようにする。 ●画面を使って説明させることを伝えておき，説明のために抜き出したカードのそばに線や矢印，書き込みなどを行わせる。 ●活動中の児童の画面を切り替えながら拡大投影し，悩んでいる児童がまとめる手がかりにする。
4	二つの事例に対応する意見について発表する。 全体 C：筆者は，情報の送る側と受け取る側のそれぞれの立場のことが分かるように事例を使っています。 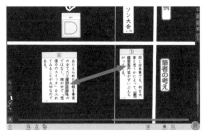	●児童の画面を拡大投影して発表させる。 ●発表を聞いて，児童の抜き出した表現やまとめ方で参考になりそうなものがあれば，自分の画面に取り入れさせる。 ●順序や対比などを表すために矢印を書いている児童や，「発信」「受け取る」にマーカーを引いたりして対比的に捉えている児童がいれば，その画面を提示し，児童の書き込みの意図を考えさせてもよい。
5	サッカーチームの監督就任報道の事例に対応する筆者の意見についてまとめる。 個別 	●まず，「中」は第六段落に書いている「想像力のスイッチ」を具体的に説明していることを確認する。そして，それがいくつに分かれて説明されているか，どのような表現に着目すれば見つけやすいかを考えながらまとめさせる。
6	サッカーチームの監督就任報道の事例に対応する筆者の意見について説明し合う。 ペア C：筆者は「想像力のスイッチ」を四つに分けて説明していました。それぞれの説明に『』が付いています。	●まず，「想像力のスイッチ」がいくつに分かれていたかを説明したあと，詳しく話をさせる。事例を見つける手がかりも説明させる。また，交流を通して自分の画面を修正してもよいことを伝えておく。
7	サッカーチームの監督就任報道の事例に対応する筆者の意見について発表する。 全体	●児童の画面を拡大投影して発表させる。抜き出した表現や書き込みが少ない児童から順に指名する。 ●事例とそれに対応する意見を確認したあと，どのようにして見つけたのかを説明し合う。

8	筆者の事例の使い方のよさについて考える。個別 C：意見だけだと，「どうして」ってなってしまう。事例があることで，「たしかに」と納得しやすい。 	●事例の効果について気付いたことを画面に書き込む。 ●事例がないケースを仮定して考えさせてから書かせてもよい。その場合，教科書画面の事例部分を「付箋」で隠して読むと，事例のない様子を具体的にイメージすることができるだけでなく，事例→意見の順で書かれていることに気付きやすくなる。こうした論の展開への気付きは，次時の学習（筆者の説明の工夫）に繋げたい。
9	筆者の事例の使い方のよさについて発表する。 全体	●児童の画面を拡大投影して発表させる。説得力を高める効果や読者を引きつける効果に気付かせたい。
10	本時の振り返りをノートにまとめ，次時の見通しをもつ。個別	●本時学習した事例を挙げて説明することのよさについて考えたことをノートにまとめさせる。 ●次時は，他の説明の工夫を見つけることを伝える。

POINT　ここでも使える！デジタル教科書
（第4時「筆者の説明の工夫（表現，論の展開）について考える」）

　本作品は，事例の使い方のほかに，比喩表現や呼びかけなど分かりやすい表現方法が多く用いられている。また，「初め」と「終わり」に主張が書かれ，双括型を採っている。加えて，事例と意見の順で繰り返し説明されていたり，心がけるべき順序で想像力のスイッチが説明されていたりする。このように，論の展開にも筆者の説明の特徴がある。

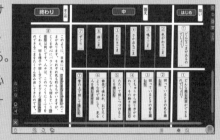

　ただ，それらに気付く順番や理解のペース，まとめ方は児童によって異なる。その違いを利用して児童同士で教え合ったり，児童の作成した画面からその意図を考えたりする活動を取り入れたい。

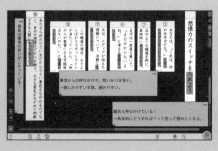

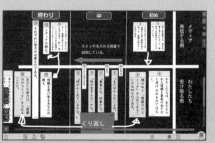

5 場面の様子を想像し，作者が作品に込めた思いを読み取ろう

●本単元におけるデジタル教科書活用のねらい

　本単元では，作者が「やまなし」を通して伝えたかったことについて叙述を基に考え，自分の言葉でまとめて友だちと説明し合う活動を行う。これまで学習した作品と比べ内容が捉えにくく，この活動を難しいと感じる児童もいるだろう。しかし，書かれている内容を整理し，二つの幻灯を対比的に読み取ったり，作者の生き方を参考にしたりしながら対話を行うことで，自分なりの考えをはっきりともてるようになる。

　そのために，まず，それぞれの場面の様子を表す表現を見つけ，教科書画面上に書き込みを行い，場面ごとに「何」が描かれているのかを確かめる。その書き込みを参考にして，本文抜き出し機能を使って場面ごとに簡単な図に表す。これは，抜き出した表現を自由に配置したり，自由に書き込めたりする機能の特長を生かした活動である。この活動では二つの場面を対比的に捉えながら作品で描かれている物とその位置関係を押さえ，場面ごとに特徴的なフレーズを整理することをねらっている。画用紙やノートで取り組もうとすると，どうしても細かく描こうとしてしまい，活動のねらいからそれてしまうことがある。この機能を使い，限られた時間内に叙述に基づいておおよその内容整理を行いたい。また，この作品で多く用いられている擬態語や比喩，色彩表現等を図に付け加えると，場面の様子を具体的に想像しやすくなる。そして，こうして抜き出した表現や書き込みを見返して場面ごとに副題を付けたあと，作品の構成や題名などを手がかりにして作者が作品を通して伝えたかったことを考え，自分の言葉でまとめる。

　作品の主題を考えるにあたって「【資料】イーハトーヴの夢」をあわせ読むことで作者の生き方にふれるが，デジタル教科書に収録されている動画資料もその理解を助けてくれる。

●単元の指導目標と単元計画

・比喩や反復などの表現の工夫に気付くことができる。　　　　　　　　　　　　　　(知・技(1)ク)

・物語の全体像を具体的に想像したり，表現の効果を考えたりすることができる。

(思・判・表C(1)エ)

・文章を読んで理解したことに基づいて，自分の考えをまとめることができる。

(思・判・表C(1)オ)

【単元計画（全8時間）】

時	学習活動	使用する機能
1	・「やまなし」を通読し，初発の感想をまとめる。 ・学習課題を設定し，単元の見通しをもつ。	朗読音声，資料（写真）

2	・「五月」の様子が分かる表現を抜き出して，簡単な図に表す。	本文抜き出し機能
3	・「十二月」の様子が分かる表現を抜き出して，簡単な図に表す。	本文抜き出し機能
4	・「やまなし」で用いられている擬態語や比喩表現，色彩表現を抜き出し，それぞれの場面のイメージを膨らませる。	本文抜き出し機能
5	・「【資料】イーハトーヴの夢」を読み，宮沢賢治の生き方について知る。	資料（動画）
6 ★	・それぞれの場面に副題を付け，作者がそれぞれの場面で伝えたかったことを考える。	本文抜き出し機能
7 8	・作者が作品を通して伝えたかったことを考えて，まとめる。 ・単元の学習を振り返る。	本文抜き出し機能

●本時（第6時）の目標と評価［評価方法］

目　叙述を基にして，それぞれの場面の副題を考え，作者の伝えたかったことを想像することができる。

評　叙述を関連付け，それぞれの場面に副題を付けている。　　　　　　　　　［本文抜き出し画面］

評　二つの場面を対比的に捉え，作者が伝えたかったことを具体的に想像している。

［発言・記述］

●本時におけるデジタル教科書活用のポイント

　前時までに，児童は教科書画面にマーカーを引きながらそれぞれの場面に描かれている物や様子を読み取ったり，本文抜き出し機能で図に整理することで場面の様子を詳しく押さえている。また，擬態語や比喩，色彩表現を抜き出して，それぞれの場面のイメージを深めている。そして，「【資料】イーハトーヴの夢」を読んだり，動画資料を視聴したりして宮沢賢治の生き方について学習してきた。

　本時は，ここまでに集めた情報を関連付けて場面に副題を付け，作者がそれぞれの場面で伝えたかったことを考える。この活動では，児童は，集めた情報をすべて用いるのではなく，副題を付けるために必要な情報だけを選ぶ。本文抜き出し機能を使えば，場面の様子が分かる表現を抜き出して見渡すことができるし，カードを動かしたり画面に書き込んだりすることができる。この特長を生かして叙述を関連付けて整理し，それらを基にして考えたことを場面の副題として短くまとめる。同じ表現に着目したとしても児童によって付ける副題は異なるだろう。一方的に説明をするだけでなく，説明を聞いたら積極的に感想を伝えたり質問をさせたりする。対話を通してよりよい考えを導こうとする姿勢を育みたい。

●学習活動の流れ

No.	学習活動　予想される児童の反応（C）	指導上の留意点
1	本文抜き出し画面を見返して，「五月」と「十二月」のイメージをそれぞれ一言で紹介し合う。 ペア	●前時まで作成した画面を見返し，それぞれの場面を一言で表現させる。叙述からイメージを言語化するための導入である。この時点ではさまざまな見方を出させ，板書していく。
2	本時の学習のめあてを確かめる。全体	●「五月」「十二月」だけでは，場面の様子が伝わりにくいため，作者が伝えたかったことを想像し，「（例）○月　明るい世界」のように副題を付けるよう伝える。 ●「イーハトーヴの夢」で学んだ賢治の生き方と関係付けて説明してもよいことを伝える。ただし，叙述に基づかなくてはならないことを強調する。
	作者の思いを読み取って「五月」「十二月」に副題を付けよう	
3	本文抜き出し機能を使って，「五月」の場面の様子を見返して，副題について考える。個別 C：五月はクラムボンと魚が殺されたのが特徴。「五月　うばわれた命」にしよう。 	●落ちてくる物や，かにたちの様子，水や光の様子などに印を付けて考えさせる。 ●活動中の児童の画面を拡大投影すると，悩んでいる児童にとって手がかりとなる。
4	「五月」の副題について説明し合う。ペア C：「五月」は穏やかで明るく感じたけれど，急にかわせみが現れ，魚が殺されて暗くなった。でも，すぐに黄金のあみがゆらゆら揺れ，明るい世界に戻る。宮沢賢治はどっちを伝えたかったのだろう？	●副題だけでなく，着目した表現にまで言及させるよう指示する。 ●相手の説明を聞くだけでなく，相手のよい点を評価したり，気になったことを質問したりして，お互いの考えを深める機会にする。
5	「五月」の副題を発表する。全体	●発表する児童の画面を拡大投影する。本文の表現をそのまま使って表現している児童，抽象的な表現を用いている児童の順に発表させる。 ●本文中の表現をそのまま使っている児童には，その言葉からどんな印象を受けるかを考えさせる。 ●友だちの発表を聞きながら自分の画面を修正してもよいことを伝える。

6	「十二月」の副題を考える。個別 Ｃ：水の中は明るい様子だし，かにたちものんびり楽しそうな会話をしている。だから，「十二月　明るく，平和な世界」にしよう。 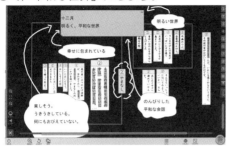	●取り組みにくそうにしている児童には，前時までの画面を見て，落ちてくる物や，かにたちの様子，水や光の様子などに印を付け，「五月」と比べて違う点に着目させる。 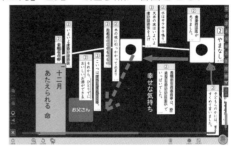
7	「十二月」の副題について説明し合う。ペア Ｃ：「五月」は魚が死ぬけれど，「十二月」は誰も死なない。やまなしが落ちてきてみんな幸せそう。「五月」は死を伝えたかったのかもしれない。	●副題だけでなく，着目した表現にまで言及させる。「十二月」を考える中で「五月」の考えが変わることもある。「五月」の考えを修正してもよいことを伝える。
8	「十二月」の副題について発表する。全体 Ｃ：「五月」は，かわせみによって命が奪われたので，「奪われた命」と副題を付けました。「十二月」はおいしいお酒になるやまなしが流れてくるので「与えられた命」と副題を付けました。	●発表する児童の画面を拡大投影する。「五月」の様子と対比しながら「十二月」を捉えさせたい。「五月」の副題を紹介してから，「十二月」の副題を説明させる。
9	本時の学習のまとめとして，作者がそれぞれの場面で伝えたかったことをまとめる。個別	●場面ごとに考えをノートに書かせる。友だちの考えを取り入れて，考えを改めてもよいことを伝える。
10	次時の学習の予定を知り，見通しをもつ。全体	●なぜ「十二月」にしか出てこないやまなしを作品の題名に使ったのかについて尋ね，次時に考えることを伝える。

活用編・初級　HOP　　活用編・中級　STEP　　活用編・上級　JUMP　　継続編

POINT　ここでも使える！デジタル教科書
（第7時「作者が作品を通して伝えたかったことを考えて，まとめる」）

　作者が作品に込めた思いを，本文抜き出し機能でまとめる。発表用資料として用いるため，一画面あたりの情報量を限定し，話のまとまりや順番を意識して画面を分けて作成する。「やまなし」だけでなく「【資料】イーハトーヴの夢」からも抜き出すことができるため，作者の人生と関連付けながら考えて，まとめることができる。

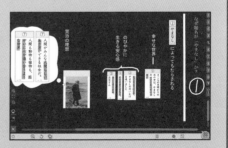

| SECTION 5 | 継続編

1 | デジタル教科書を活用した低学年の国語授業づくり

●2020年度の取り組みについて

　私は，2014年度から東京学芸大学加藤直樹研究室との共同研究により，児童1人1台端末の環境下で国語科の学習者用デジタル教科書を活用して授業実践を行ってきた。これまでは主に5・6年生を対象としていたが，2020年度は初めて2年生を対象とし学習者用デジタル教科書を活用して実践を行った。

●初めての端末

❶学習者用デジタル教科書の準備

　本校の2年生で使用する端末はiPad Air（第3世代）40台。4クラスで使用するため，各端末にインストールした学習者用デジタル教科書に，クラス，出席番号を区別できるアカウントを作成した。作業は容易であり，ビューアとコンテンツのインストール作業と合わせて教員2名が協力し1時間弱で終えることができた。今後，1人1台端末になり回線が整えられれば，さらに負担なく行うことができるだろう。

❷端末での授業開き　―基本的な操作方法の習得―

　端末を使った授業開きでは，なるべく操作方法を子どもに教えすぎないように心がけている。端末に慣れていない子どもたちは「音はどうやって小さくするんだろう。」「撮った写真はどこにあるのかな？」「画面が回転しない。」等々，初めは様々な疑問をもっていた。こうした初歩的な操作方法について，子ども自らが試行錯誤したり，教え合ったりしながら解決できるよう授業開きを行った。子ども自らが調べる態度を身に付けることで，少しずつ初歩的な質問は少なくなり，1か月後にはスムーズに授業を行うことができるようになった。もちろん，どうしても操作方法が分からずに困っていれば教師が教える必要がある。例えば，画面を傾けて回転させる方法を教えた時は，まず私自身がゆっくり設定をやって見せ，設定を元に戻して，子ども自身でもう一度設定するように促した。「まずは自分でやってみる。」この姿勢を大切にすることで，子どもたちは自身のアイデアで「こんな使い方はどうだろう？」「こんなのもやってみたい！」と端末での学習に様々な可能性を見出し，挑戦することができる。

　初めの1，2時間は，子どもと教師が一緒になって端末で遊びながら基本的な操作方法（電源のon・off，照度設定，カメラの使い方，スクリーンショットの方法，子どもから教師への画像の送信方法等）を身に付けさせていった。「どうすればこんなふうに写真に書き込みがで

きるでしょう？」などとクイズを出しながら考えさせるのもよいだろう。また，この際に，操作で注意しなければならないこと（アプリのアンインストールの禁止，プライバシーに配慮した写真撮影等）も同時に確認する必要がある。

　机上での端末の置き場所についても指導を行った。机の中央にノートを置き，キーボードを開いた状態で端末をノートの上の方に置くと（図1），ノートが少し動いただけで端末は机から落ちてしまい，破損につながる。ノートと端末を併用する場合はキーボードは閉じた状態で机からはみ出さないよう置く（図2）。キーボードを使用する場合は，ノートを閉じて端末を机の中央に置く（図3）。このように端末の置き場所は最低限の約束としてクラスで徹底させたい。

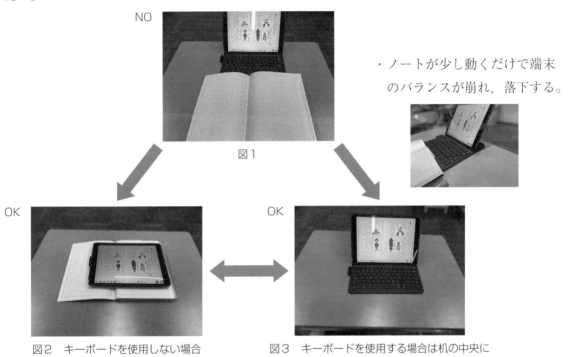

NO

図1

・ノートが少し動くだけで端末
　のバランスが崩れ，落下する。

OK　　図2　キーボードを使用しない場合　　OK　　図3　キーボードを使用する場合は机の中央に

❸授業内外で端末を積極的に活用する環境をつくろう！

　操作方法を一度教えたからといって，すべての機能をすぐに使いこなすことはできない。子どもたちが端末を使いこなせるよう係活動や当番活動，朝の会や帰りの会，雨の日遊びの時など，活用場面をできるだけ多く設けるとよい。私のクラスでは係活動として，新聞係や映画係，トリック写真係をやってみたいと子どもたちが発案し，端末を活用した作品を発表していた。使用場面が増えれば，その分，活用方法をしっかり身に付けられる。端末は宝のように保管庫に入れっぱなしにするのではなく，登校したら保管庫からすぐに道具箱に入れ，必要があればすぐに使うことのできる環境を整える。

　子どもが端末で遊んでしまって学習に集中できないのではないか，と懸念される方も多いだ

ろう。初めは私にもその心配はもちろんあった。事実，子どもたちは導入当初は物珍しさから興奮し，落ち着かない様子が見られた。しかし，それは当然のことだろう。例えば，初めて習字セットを開いた時，やはり硯で墨を磨ってみたいのだ。とにかく子どもは新しいものに興味津々である。一刻も早くその状況を脱し，端末を学習用具として定着させるために必要なのは「厳格なルール」ではなく「積極的な使用」である。飽きるほどの使用の先に，学習用具としての端末の真価が現れる。

　端末を使い始めて半年後，２年生の国語の授業は子どもたちのやる気と集中に満ち溢れている。それは学習者用デジタル教科書の中に子どもたちが学習に没頭できるいくつものカギがあるからだ。学習者用デジタル教科書はただ紙面が電子化されただけではない。

●学習者用デジタル教科書を使おう！
❶学習者用デジタル教科書を使った初めての授業

　2020年度は休校の影響もあり，６月末から学習者用デジタル教科書を用いた国語科の授業が始まった。

　授業はまず，自分に合った画面表示に切り替えることから始まった。学習者用デジタル教科書は，総ルビ機能や，色の反転，明るさの設定など，使用者の好みに合わせて自由に設定できる（図４，図５）。子どもたちは，少しずつ設定を変更し，自分にとって最適の画面を見つける。同じページを表示していても，ルビをふっている画面，背景を水色にしている画面，明るさを暗くしている画面など，子どもにとって読みやすい画面の設定は様々だ。紙の教科書では実現できなかった自分だけのお気に入りの教科書での学習は，毎日の授業をより充実したものにしてくれる。

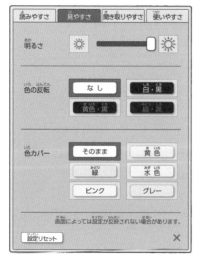

図４　設定画面

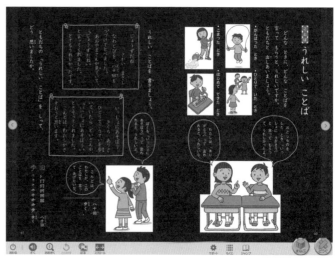

図５　白黒反転した教科書画面

❷線を引いてみよう

　物語文，説明文の授業の中で，本文に線を引くという学習活動は頻繁に行われる活動である。学習者用デジタル教科書では，まず「線を引く」機能を使いたい。例えば，説明文「馬のおもちゃの作り方」では，写真と文のまとまりとの対応を意識させるために，色を分けて線を引いた（図6）。こうすることで，説明文が文のまとまりによって構成されていることに気付くことができる。

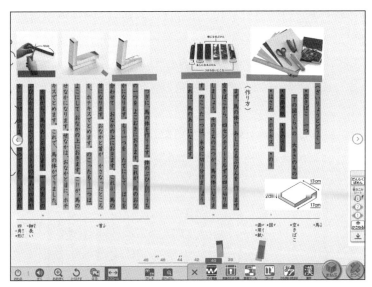

図6　写真と文との対応が分かるよう色分けした画面（実際の子どもの画面）

　この作業を紙の教科書やワークシートで行おうとすると，色鉛筆の準備に時間がかかる上，まっすぐ引いたり，引き間違えた線をきれいに消したりすることに子どもは注意を向けてしまう。しかも，教科書に線を引く場合，特に色鉛筆は消えにくく，間違いを恐れて積極的に線を引こうとしない子どももいる。

　一方，学習者用デジタル教科書では線は簡単にまっすぐ引くことができる。また，消す時も簡単にきれいに消せるし，ワンタッチで色の変更もできる。どの子もストレスなく短時間で行うことができるため，線を引く活動になると，おしゃべりもなく集中し，誰もが教材文を真剣に読み込んでいる。集中して取り組むので，さほど時間もかからない。この線を引くという学習活動が短時間でできることで新たに生まれた時間は子どもたちが課題についてゆっくり考えたり，友だちと話し合い，線を引いた箇所を検討し直したりする時間になる。子どもは自分なりに考えをもって教科書の本文に線を引く。「なぜそこに線を引いたのか」をきっかけに，対話的な関わりが生まれる。

　2020年度は新型コロナウイルス感染症拡大防止のため積極的に対話を行うことが難しい状況であったが，以前の授業では，教室のすべての子どもたちが活発に交流する姿が見られるよう

になり，感動したことを覚えている。

　学習者用デジタル教科書が導入された際には，まずこの「線を引く」という学習活動に取り組んでいただきたい。このシンプルな学習活動をデジタルで行うだけで，子どもの学習に参加意欲の高まりを強く実感することができるだろう。

❸ワークを使ってみよう

　学習者用デジタル教科書には，それぞれの単元に合わせて，ワークが用意されている。従来，教師が作成，印刷していたものの多くが，あらかじめ学習者用デジタル教科書に含まれている。

　例えば，「読むこと」教材では，教材文の内容の大体を捉えるためのワークが収録されている（図7）。「どうぶつ園のじゅうい」では，初発の感想を書く前に内容のおさらいとして使用した。

　他にも，「どうぶつ園のじゅうい」のワークには，「じゅういさんのしごとクイズ」（図8）や言語活動で用いることができる「発表の型」（図9）等も準備されている。

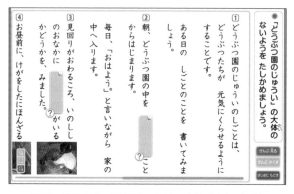

図7　「どうぶつ園のじゅうい　大体のないよう」

図8　「じゅういさんのしごとクイズ」

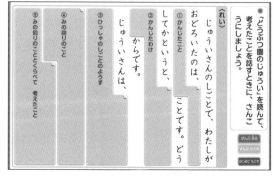

図9　「発表の型」

資料「じゅういさんのしごとクイズ」は，動画の資料である。この動画では，獣医である筆者自身や教科書本文「どうぶつ園のじゅうい」の中では紹介されていない動物も登場する。教科書本文を読むだけでは具体的に獣医の仕事をイメージしきれなかった子どもも，この動画を見ることで獣医の仕事を捉え，本文のより深い理解につなげることができる。２年生の子どもたちは，初めは筆者が大きなシロクマを眠らせながら治療する様子を驚きながら見ていた。繰り返し見ているうちに，教科書に書かれていることの多くは「ある日」の仕事のことであり，獣医には毎日行う仕事と，その日だけ行う仕事があることに気付くことができた。また「発表の型」（図９）は，発表に苦手意識をもつ子どもに有効であった。これまでは話す内容がまとまらず，うまく話すことができなかった子どもも，この型をたよりにしながら，自信をもって友だちと交流することができていた。これらの資料・ワークを子ども一人ひとりが自分に合った使い方をすることで，国語の授業は子どもたちにとってより分かりやすい内容となるだろう。

❹漢字学習用コンテンツを使ってみよう

　学習者用デジタル教科書には，単元の新出漢字を学ぶことができる教材として漢字学習用コンテンツが収録されている。漢字学習用コンテンツには，筆順アニメーションや，実際になぞり書きができるもの，その漢字を使った言葉や文を確かめる画面がある。また，漢字の読み方を確かめるフラッシュカードは，新出漢字や既習の漢字の使い方をカードをめくりながら確認できるコンテンツである。朝学習の時間や，ちょっとした隙間時間に取り組ませることで，子どもたちは無理なく漢字に親しむことができる。こうした漢字学習の他に私のクラスでは一日おきにノート１ページを宿題として出している。その結果，２か月ごとに行うまとめの漢字テストや学期末の漢字テストではクラスの平均点として95点以上をキープしている。

　また，「なぞり書き」機能を使うことで，筆順がしっかり身に付いているほか，整った字形で書けるようになり，多くの保護者の方から「漢字がものすごく綺麗になりました。」という声をいただいた。端末での学習が始まり，しかも国語の教科書がデジタルになると，字を書くことが疎かになるのではないかと心配する方もいるだろう。これまでデジタル教科書を使用したことによって，私のクラスの子どもがノートやテストに書く文字が雑になったことは一度もない。子どもたちは，漢字学習コンテンツを活用することで，苦手な漢字であればあるほど，何度もくり返し練習している。このような子どもたちの学びの姿は私はこれまで実現できなかった。デジタル教科書を使用した２年生に漢字学習に関するアンケートを取ったところ（表１），漢字学習コンテンツを使用する前は「漢字の勉強は好きですか？」という質問に「とてもそう思う」「そう思う」と答えた子どもは全体の68%であったが，漢字学習コンテンツを使った学習を始めて２か月経つと「とてもそう思う」「そう思う」と答えた子どもは全体の74%に高まった。また，「とてもそう思う」と答えた子どもの割合は24%から35%と11ポイント増え，漢字学習コンテンツが子どもたちの漢字学習への意欲を高めていることが分かる。

表1　漢字学習に関するアンケート

「漢字の勉強は好きですか?」

	2020.10	2020.12
1. まったく思わない	8（7%）	7（6%）
2. あまり思わない	30（25%）	25（20%）
3. そう思う	52（44%）	48（39%）
4. とてもそう思う	28（24%）	44（35%）
計	118	124

図10　なぞり書き画面で学習している子ども

図11　漢字フラッシュカード

図12　漢字練習ノート

❺マイ黒板を使ってみよう

　❶❷❸の機能を当たり前のように使えるようになった頃，マイ黒板という機能（教材）を使い始めた。この機能は，教材文を指でなぞることで，なぞった文字や写真をカード化し，抜き出すことができるものだ。

　国語では，本文を視写したり書き抜いたりすることがある。書く文が長くなるほど，書き写す作業に時間を取られてしまう。本文を書き写したはいいが，そこから何を考えるか，自分の言葉でどうまとめるかという大切な思考の時間が短くなってしまうということは教師の誰もが経験したことがあるのではないだろうか。マイ黒板はそういった書き写す時間を限りなくゼロにし，子どもたちが思考する時間を増やしてくれる。

例えば，「馬のおもちゃの作り方」では，馬のおもちゃの写真と本文にどのような対応があるのかをマイ黒板を使用してまとめた（図13, 14）。

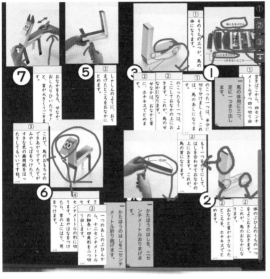

図13　マイ黒板①

図14　マイ黒板②

活用編・初級　HOP　　活用編・中級　STEP　　活用編・上級　JUMP

継続編

　図13は単元の中盤に作ったものであり，図14は単元の終盤に作ったものである。図13では文と写真とを赤い線で結んで対応を表している。また図14では，写真と対応する言葉を限定して抜き出し，手順を表す言葉を補っている。そして，読み取った筆者の意図を書き足してまとめている。私は，このように文と文や文と写真との対応，筆者の意図など気付いたことを矢印や言葉での書き足しをどんどん増やすよう声をかけている。この書き足し部分が子どもたちにとって思考した証になり，自信につながるからだ。ここで２年生の日記を紹介する。

　デジタル教科書の中で一番気に入ったのは，マイ黒板です。理由は国語の文のところにゆびを当てるとマイ黒板に文字が出てきて，それにペンでマイ黒板に書くだけなので楽だし，おもしろいので気にいりました。一年生のころはノートにえんぴつで書いてたので国語はまぁまぁでした。アイパッドをつかうようになって国語が大すきになりました。

　国語の面白さは本文を書き写すことではなく，そこから何を考えるかである。マイ黒板を使うようになれば，作業の時間は大幅にダイエットされ，思考する時間が圧倒的に増える。そしてもう一つ重要なことは，マイ黒板で作ったものについては，子どもたちが積極的に修正する姿が見られるということだ。これは，線を引く時と同様，一度書いたものを消すことが容易であり，消せるからこそ積極的に書くことにつながっていると考えられる。デジタル教科書では手軽に書くことができることと同様に手軽に消すことができることも子どもにとって大きな意味をもつ。

●まとめ　－「お手紙」の授業から－

　2020年度，デジタル教科書を使っての授業の中で私や子どもにとって最も充実感があったのは「お手紙」の授業である。単元の終末には音読劇を設定し授業を行った。まず，登場人物ごとに会話文を赤色と緑色に色分けする。登場人物の可愛いスタンプも用意されているので，子どもたちは，誰の会話文なのか確かめながらニコニコして会話文にスタンプも押していく。

　そして，音読の練習に入る。お手紙を待つがまがえるくんの「うん，そうなんだ。」をどう読むべきか，子どもたちは「悲しそうに読む！」と言うものの，読んでみてもその違いはよく分からない。そこで，デジタル教科書の朗読を丁寧に聞き直す。自分の端末で繰り返し聞いていくうちに，「『うん』と『そうなんだ』の間が空いている。」「ゆっくり読んでる。」「小さくはないよね。」「でも泣きそうな感じするよ。」などあちこちで声が上がる。「じゃあどんな読み方にするといいだろうね。」と問いかけると，「ゆっくり」や「弱く」「小さく」「間」など様々な音読記号スタンプを押しては，読んで確かめる。このスタンプが表現の工夫を考える視点になった。一つだけ押す子もいれば，複数重ねてスタンプする子もいる。次は端末の録音機能を使って，自分の読みを録音し，聞いてみる。「違うなぁ。」「もっと弱く。」夢中になって何度も録り直す。そして，納得のいく「うん，そうなんだ。」を発表し合う。1人として同じ読み方はないが，どれも気持ちが表れていて面白い。子どもたちは，「○君は，『そうなんだ』がだんだん小さくなってるよ。」「間がすごく空いてて，悲しそう。」と分析を始める。その後は，好きな場面ごとにグループ分けして，音読劇の準備に入る。静かなところで録音したいと言って，国語の時間は教室を飛び出し，グループごとに様々な場所で練習を重ねる。手紙を書いて急いで飛び出したかえるくんの足音を入れているグループがある。かたつむりくんの「すぐやるぜ。」は，速く読むべきかゆっくり読むべきか熱く議論しているグループもある。チャイムが鳴ると「もう終わり？」と残念がる子どもたち。「先生，もっと練習したい。」と，休み時間返上で練習にのめり込んでいく。心の底から国語の授業を楽しんでいた。練習時間は3時間あったが，この3時間の間，私が全体に向けて説明する時間はほとんどなかった。子どもたちはサッと準備し，それぞれの練習場所にパッと消えていくからだ。ふざけたり遊んだりする子どもはいない。皆が「お手紙」に熱中している。音読劇の終了後，「もう2年生の国語ずっと『お手紙』がいい。」と言った子どもに，拍手が湧いた。

　もしデジタル教科書や端末がなかったら，どうだっただろう。もちろん作品の力が子どもたちを引きつけるだろうが，私は「もう終わり？」という言葉や，これほどまでに音読を追求する姿を引き出せなかっただろう。保護者からも「宿題で聞いている音読が急に変わりました。」と嬉しい感想も寄せていただいた。これは2年生だからではない。6年生の「柿山伏」の音読でも同じようなことが起きた。

　以前の私はデジタルと聞くと無機質に思え，国語とデジタルとの相性を疑っていた。だが，デジタル教科書を使えば使うほど教師も子どもも国語の学習が楽しくなってきたことは事実で

ある。ただ，デジタル教科書を授業に取り入れることで授業が楽になるのか？という質問に答えるのは非常に難しい。資料やワークがあるので授業準備の面では楽になる。教科書画面に線を引くことで子どもたちは意見がもちやすくなり，個別の支援も少なくなった。一方，児童が様々な意見を発表するようになるため，授業中の意見のとりまとめが難しくなる。そして，ノートにまとめる自分の考えが驚くほど充実し，分量も増えるため，ノートを読み，評価する仕事も大幅に増えるだろう。しかし，こういった負担が増えることは教師冥利に尽きるのではないだろうか。

　私はデジタル教科書を使い始めて，子どもと国語を学習することが何よりも楽しみになった。全国の教室に１日も早くデジタル教科書が導入されることを願っている。もし，デジタル教科書を使うことになったら，まず，教科書に線を引かせてみてほしい。そこから新しい国語の授業が始まるだろう。

2 | デジタル教科書を活用した365日の国語授業づくり

●年間活用計画の概要

❶デジタル教科書で思考に専念させる

「学習者用デジタル教科書を使う」ということは「紙の教科書を使う」ということと何が違うのだろうか。学習者用デジタル教科書は何をもたらすのだろうか。

様々な効果が考えられるが、もっとも大きいと感じるのは「思考に専念させることができる」ということである。あまり意識されていないかもしれないが、国語の授業では「思考する前にしなければならないこと」「思考しながらしなければならないこと」「思考したあとにしなければならないこと」がたくさんある。

例えば「要約」。本来であれば本文の中のどこが重要か。どの文章を抜いてくればいいか、それをどのような言葉でつなげばいいか、といったことを考えさせたい。しかし、いざ要約を始めようとなると、その文章をノートに写さねばならない。ノートに写すにあたっては「文字をきれいに」とか「レイアウトをどうするか」といったほかのことを考えながら進めなければならない。進めながら「間違えずに書けているかどうか」をチェックし、間違いがあれば消しゴムで消して書き直すといったことも必要だ。あるいは、それ以前に「鉛筆が削れているか」「消しゴムはあるか」といったことにも頭をまわさねばならない。

だが、学習者用デジタル教科書のマイ黒板機能を使えば、そうした余計なことからは解放されて、本来考えるべき「本文の中のどこが重要か」に集中することができる。その考えがまとまれば、「どこを抜いてくるか」「どんな言葉で繋ぐか」に集中すればよい。このように児童を「思考に専念させることができる」のは学習者用デジタル教科書の大きな美点であろう。

マイ黒板を使っている様子

❷学習履歴をデジタル教科書で残す

紙の教科書との違いで考えると、学習履歴の残し方も大きく変わってくるのではないだろうか。これまでは教科書への書き込みとノートが中心だったと思われるが、まず教科書の書き込みのレベルが変わってくる。紙の教科書に書き込みをするのは、児童にとってはかなりハードルが高い作業である。何しろ、間違えたら消しゴムで消さねばならないわけだが、ノートとは違って厚さもあり、開き方も小さい紙の教科書だと、場所によっては書くのはもちろん、消す

のも大変である。そんなところに書かねばならないわけだから，児童は当然「間違えたくない」という想いをもって教科書に書き込むことになる。これは，委縮するなという方が無理な状態ではないだろうか。結果，「先生が正しいことを言ってから線を引く」というような間違った処世術を身に付けてしまう児童も出てくる。それでは国語の学習にならない。

　学習者用デジタル教科書であれば，児童の教科書への書き込みはもっと自由になる。どれだけ線を引いても，消しゴムツールでなぞれば一瞬できれいに消すことができるのだから，児童は消す手間を考えずに済む。そうなれば勢い，書き込みは自由になり，こうでもないああでもないと試行錯誤を重ねながら書くことになる。そうやって本文を読み返しながら書き込みをしていく作業は，児童の思考を助けるものになるだろうし，残された書き込みそのものが児童の学習履歴となるのである。

　ノート，そして板書も劇的な変化が起こるのではないだろうか。

　正直に書こう。これまで，多くの国語の授業で，児童は「黒板に書かれたことを写す」作業を強いられてはいなかっただろうか。筆者は勤務校の接続する大学で初等国語科教育法の授業を担当しているが，最初の授業で学生に「国語の思い出」を書いてもらうことにしている。すると，「国語というと何をイメージするか」という質問に「先生が黒板に書いたことをひたすら書き写す授業」という回答がいくつも寄せられる。

　こうした授業は学習者用デジタル教科書とグループウェア（後述）の登場でかなり変わっていくのではないだろうか。否，変わらなければならないのではないだろうか。各学習者が自分の学習者用デジタル教科書を使って学習内容をまとめる。それを，グループウェアを使って共有する。そのまとめが板書である必要はない，と言うより非効率であろう。電子黒板上に児童のタブレットの画面を表示する，あるいは新たなスライドを作ってそこにまとめグループウェア上で児童と共有する等すれば，「黒板に書かれたことを写す」という作業はかなり減るはずである。

　板書が変われば児童のノートも変わるだろう。グループウェアを通して送られてくるものをわざわざノートに写す必要はない。ノートに書くのであれば，それは何かしら自分の編集されたものということになろうが，それとて端末で済んでしまうことも多い。となると，わざわざノートに書くのはどのようなことか。

　学年によっては，タイピングの能力が追い付かず，端末を使うよりノートを使った方が速いということはあるかもしれない。あるいはタブレットを使うスキルがまだ低くて，自分の思った通りのレイアウトで書くことができない，という場合はノートを使うこともあるだろう。しかし，それらはいずれも早晩，なくなるものである。となると，ノートは何に使うのだろうか。学習者用デジタル教科書の登場に伴って考えていかなければならない課題である。

　こうした学習者用デジタル教科書の特質を生かして授業を展開していく前に考えておかなければならないのは，「学習者用デジタル教科書を何と組み合わせるか」である。

❸学習者用デジタル教科書を何と組み合わせるか

　単体で使ってももちろんいいのだが，現在の学習者用デジタル教科書の最大の欠点は「繋がる機能」がないことである。これを補うようなグループウェアを組み合わせることで，国語の対話的な学びは大きく進むことになる。

　筆者は普段，Microsoft Teams を使っている。児童は自分の Microsoft アカウントで１人１台所持している端末を用いて Teams にアクセスできるようになっている。Teams はグループウェアという一言で片づけてしまうことが適切かどうか悩むような複合的なソフトウェアであるが，授業では欠かせないものである。本時の課題，学習の進め方を書いたスライドを児童に送る。児童のまとめたマイ黒板のスクリーンショットを送らせる。Teams にアップロードされた友だちのマイ黒板画像を見て，質問や意見を書き込む。ふり返りのフォームのリンクを送る。そうしたことがすべて Teams でできてしまう。これを組み合わせない手はない。

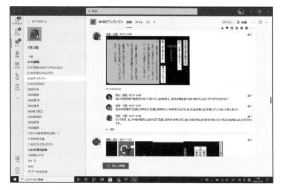

Microsoft Teams を使って意見を共有する

❹デジタル教科書活用の使い始め

　上記のような特徴を押さえ，組み合わせるグループウェアも決定した上で考えるデジタル教科書の年間活用計画とはどのようなものであろうか。

　よく聞かれるのは「児童はどのくらいで学習者用デジタル教科書を使えるようになるのですか」ということである。答えは「いじり倒す時間を１時間とれば十分」である。

　筆者の場合，児童に初めて学習者用デジタル教科書を使わせるときにレクチャーするのは，以下の３点だけである。

　●「どうぐ」を開くと様々な道具があります。

　●「まなぶ」を開くと，学習のためのしかけがいろいろあります。マイ黒板はよく使うかな。

　●他にもいろいろあるから，何かいいことを見つけたら友だちにも教えてあげよう。

　可能であれば，既習の物語教材のページを開いてこれだけ言えば，あとは，児童が夢中になって様々な機能を見つけていってくれる。「紙の教科書の時はあんなに苦労したのに，これなら一瞬じゃないか！」といった驚きが児童の知的好奇心を刺激するのは間違いない。

　とは言え，もちろん45分間ですべての児童がすべての機能を発見して使えるようになるわけではない。そうではないが，だいたいの使い方はこの一回で十分であろう。あとは，実際に単元を進める中で細かい機能を教えていけば十分である。

❺デジタル教科書活用の年間活用計画

　活用の段階は大きく３つに分けて考えている。第一段階が「デジタル教科書ならではのやり方で課題に取り組む」，第二段階が「友だちと交流しながら課題に取り組む」，そして第三段階が「課題そのものを自分たちで作っていく」である。

　第一段階「デジタル教科書ならではのやり方で課題に取り組む」は，とにかく学習者用デジタル教科書を使うことに慣れ，これであれば学習が進めやすいという実感を持たせることが肝要である。

　そのために，まず使いたいのは「読み上げ機能」である。読み物教材を読む１時間目ではぜひ使いたい。可能であれば一人一つのイヤフォンを用意させられるとより効果的である。

　読み物教材の１時間目，全文を通読させる際，どのような手法を使うだろうか。各自に黙読させるということもあろうし，教師が範読することもあるだろう。あるいは，句点ごとで区切って児童に交代で読ませるようなこともあるだろう。

　今でも忘れられないのが，学習者用デジタル教科書を使った初めての授業での出来事である。長い物語教材だったのだが，全員にイヤフォンをつけさせ，読み上げ音声を聞きながら読むように指示した。すると，全員がほぼ同じタイミングで読み始めたのに，読み終わる時間がバラバラだったのである。その時の学習者用デジタル教科書には，まだ読み上げ音声のスピードコントロールはなかったので，読み終わるのにそれほどの差が生じるはずがない。何か途中でトラブルでもあったのかと思ったが，そういうわけではなかった。あとでその日の授業のふり返りを読んでわかったのだが，時間がかかった児童はよくわからなかった箇所を戻ってくり返し聞いていたのである。「○○の部分がよくわからなかったのだけれど，戻って聞き直したらどういうことかわかった」というようなことが書かれていたのだ。

　これは筆者には衝撃的だった。今まで，どのような方法を取るにせよ，その単元の１時間目，初めて全文を通読する時に「難しかった箇所を戻ってもう一回読む」というようなことは行ったことがなかった。範読にしても丸読みにしても，途中で止まることなく通して一回読むのが常だった。だが，実はそこで児童の中には「あ，今のところ，なんだ？　よくわからないぞ。もう一度読みたいな。」というニーズを持っている者がいたのである。

　学習者用デジタル教科書は，そうしたニーズにきちんと応えることができる。最近のものにはスピードコントロールもついたので，自分の好みにあったスピードで聞きながら読むことも可能である。もちろん，中には「音声を聞くのではなく，自分で黙読したい」という希望を持つ児童もいるであろう。そうした児童の多様なニーズに応えることが学習者用デジタル教科書なら可能なのである。

学習者用デジタル教科書による授業

　第一段階「デジタル教科書ならではのやり方で課

題に取り組む」でぜひとも習得しておいてほしいのが「マイ黒板」と「教科書への書き込み」である。

「教科書の書き込み」は前述のとおり，紙の教科書だとかなり児童に負担を強いる活動で，なかなか「試行錯誤をくり返して」というわけにはいかなかった。児童は学習者用デジタル教科書を使うようになっても，はじめは紙の教科書と同じ感覚でいることが考えられるので，早いうちにその考えを取り払い「教科書は，『書いては消し』を何度もくり返して考えるフィールドである」と考えるようになってもらうことが大切である。

またその書き込みも線種や色が選べるといった見た目だけのことではなく，スクロールモードと併用すればページをまたいだ矢印を引くこともできることや，レイヤーを分けたり表示するレイヤーを選ぶことで表現の幅が広がることなど，学習者用デジタル教科書を使わなければ絶対に実現できない方法を体験させておくことが後々，役立つと思われる。

「マイ黒板」は，学習者用デジタル教科書の中で児童がもっとも夢中になる機能である。教科書の本文をなぞっただけで自分のマイ黒板にその文章が付箋となって現れるのを見た児童は，漏れなく「今までの必死に書き写していたのは何だったのだ」と思うであろう。そして，その驚きの段階を早く通り越して，思考に集中する状態に持っていくことが，その後の学習を進める上での大きな武器になる。

こうした機能を使って課題に取り組むのが第一段階「デジタル教科書ならではのやり方で課題に取り組む」である。この段階は，４月，５月くらいで通り抜けられることが目安である。

さて，児童が「デジタル教科書ならではのやり方で課題に取り組む」ことができるようになったら，第二段階「友だちと交流しながら課題に取り組む」に誘ってやる必要がある。この交流を進める上でもいくつかのステップがあるだろう。まずは「隣の友だちと端末を見せ合う」といったところからでいいだろう。教科書への書き込みにしても，マイ黒板へのまとめ方にしても，児童にある程度の自由度を持たせてやれば，出来上がりはかなり違ったものになる。それを見せ合えば，当然，なぜこのようになったのかを説明することになる。この「端末を見せながら説明する」ことができるためには，自分自身の書き込みなりマイ黒板なりの意味をよく分かっていなければならない。ここに見せ合うという交流活動が児童の学びを促進する鍵があるのである。１学期のうちにここまでは進んでおきたい。

次のステップはグループウェア上での共有であろう。これは国語と言うよりは，普段からのグループウェア活用が進んでいないとできないことであるが，学習者用デジタル教科書活用に取り組もうと考えるなら，勤務校で使っているグループウェアの活用には積極的でありたい。

投稿のさせ方にはいろいろな工夫があり得る。

前時のふり返りの様子

「教師が課題を投稿し，その返信でマイ黒板の画面を送らせ，友だちのマイ黒板で良かったものに『いいね』を押させる」といった活動もあるだろうし，「一人ひとりが新規の投稿としてマイ黒板の画面を投稿し，アップロードされた友だちの投稿について『いいね』を押すだけでなくコメントもつけていく」という活動もあるだろう。

　これは端末を使った学習では本丸とでも言うべき活動になるので，遅くとも2学期中には軌道に乗せたい（そのためにもグループウェアの活用を1学期のうちに十分に進めておく必要がある）。

　この他，プロジェクター，電子黒板等の大型提示装置にマイ黒板を表示して発表させることで交流を図る等，様々な形があるだろうが，学校の環境に大きく左右される部分でもあるので，自身の勤務校の実態に合わせてぜひ工夫されたい。

　第三段階「課題そのものを自分たちで作っていく」というのも，学習者用デジタル教科書だけで実現できるものではないが，実現するためのエンジンになることもまた確かである。

　「やなせたかし―アンパンマンの勇気―」を学習していた時のことである。読み進めていくうちに児童は，やなせたかしには「正義とは何だろう」という大きな疑問があったこと，弟の死が大きな影響を与えた出来事であることを理解していく。そんな時，ある児童がこんなことをふり返りに書いてきた。「おにぎりを分け合って食べていた兄弟は，たかしの疑問を解くカギだったのではないか」。このふり返りを紹介すると，「おにぎりを分け合って食べていた兄弟が，たかしの疑問を解くカギなら，弟の死はたかしにとっての何だったのだろう？」という問題が児童の中で浮かび上がってきて，この課題に全員で取り組んだ，ということがあった。

　このように課題が児童から浮かび上がってきたのには様々な要素がある。まず，児童のふり返りをオンラインフォームで取っておいたことがある。タイピングを習得した児童であれば，ふり返りは紙で書くよりもフォームに書いた方がずっと早く楽である。そのため，書かれるふり返りそのものの内容も高度なものになることが多い。

　グループウェアの活用が定着していたのも大きい。「フォームをTeamsに送っておいたからアクセスしてね」と言うだけでパッと動けるようになっていたので，各回の活動がスムーズに進んでいたのも良かったのだろう。しかし，何よりも大きかったのはグループウェアに投稿された児童のマイ黒板画像である。先のふり返りは「たかしの人生にとってもっとも大きな出来事は何だったのだろう」という課題に答えるマイ黒板を作り，投稿されたマイ黒板に意見を寄せあう回のふり返りから出てきたものであった。自分のマイ黒板と友だちのマイ黒板を見比べ，グループウェア上で議論する活動をした中から出てきた問いだったのである。

　この例は「課題そのものを自分たちで作っていく」まではいかず，その入り口に立ったかな，というくらいであろうが，5年生のうちにこのくらいまではいっておきたい。そうすれば6年生で，より難解な読み物教材を学習する時には，ゼロから課題を作って学んでいくようなことを期待できるだろう。

活用編・初級　HOP

活用編・中級　STEP

活用編・上級　JUMP

継続編

●児童の変容

❶困難を超えて学べるようになる

　実は筆者のメインテーマは「国語」でも「デジタル教科書」でもなく，ICT を活用してインクルーシブ教育を実現すること，「ICT ×インクルーシブ教育」である。学びに何らかの困難を抱えている児童は，実はかなりの数いるのではないかと考えている。そして，その困りごとの種類は実に多種多様なのである。そうした一人ひとりの困りごとを解消するのに ICT が幾何かでも役立たないだろうか。筆者の関心はそこにあり，これまで実践と研究を重ねてきている。

　この文脈から見ても学習者用デジタル教科書は実に魅力的なツールである。

　「読むこと」に困難を抱えた児童には，音声読み上げ，ハイライト表示，フォントや背景色等見た目のカスタマイズ等の機能が非常に効果的だ。

　「書くこと」に困難を抱えた児童には，マイ黒板や，教科書への書き込み機能が助けになる。

　「話すこと」に困難を抱えた児童も，マイ黒板があると，それを話す時の手がかりにすることができる。

　「聞くこと」に困難を抱えた児童にとって，マイ黒板を見せ合いながらの交流は視覚からの情報もあって聞くのでただ聞くよりもずっと理解しやすい。

　このように ICT ×インクルーシブ教育の文脈から考えてみても，学習者用デジタル教科書を使うことが効果的と考えられる場面は数多くあるのだ。

　こうした特徴を生かし，授業で使っていくことで，児童の「国語」に対する意識も徐々に変化していく。例えば「読むこと」に困難を抱えた児童の場合。「読むこと」に困難を抱えていても「物語は好き」という児童はもちろんいる。そうした児童にとって「読むこと」はまさに鬼門で，例えば「読むことさえできれば，登場人物の心情について考えたりするのは得意なのに。」と思ったりするようになる。だが，デジタル教科書があったらどうだろう。見た目をカスタマイズして自分にとって読みやすい教科書にすることで「読めた」となる児童もいるだろうし，それでも読めない児童は音声読み上げを聞くことで物語の内容は捉えられる。

　こうして鬼門を乗り越え，学びの入り口に立った児童の眼前には「物語について考える」という地平が広がっている。そこはこれまで入りたくても入れなかった世界なのだ。そこに入れるのだから，児童の学ぶ意欲は自然と上がる。「国語」は苦しくて辛い教科だったのに，そのイメージがどんどんとくつがえされていく。

　夢物語のように思われるかもしれないが，そういう事例を筆者はいくつも見てきている。学習者用デジタル教科書は，学びに困難を抱えた児童を魅力的な地平に連れていくことのできるツールなのである。

❷没頭するようになる

所謂「名人」と言われるような教師の素晴らしい授業ならいざ知らず，筆者のような十人並みの教師にとって，授業中に児童を学習に没頭させることは，大抵の場合，非常に難しい。だが，学習者用デジタル教科書を活用するようになってから，国語の授業で児童を没頭させることは非常に簡単なことになった。

秘密はマイ黒板である。本文の文章を抜き出しながら自分の考えをまとめるのにこれほど適したツールはない。ただ文章を抜き出して短冊にするだけではなく，矢印を入れたり，教科書に掲載されている挿絵を挿入したりすることもできる。自分の考えは付箋の形でそこに書くことも可能だ。このマイ黒板に自分の考えをまとめるという活動に児童は没頭する。

そうした姿を見て，考えた結果，筆者の基本的な授業スタイルは以下のようなものである。

1．前時のふり返り（5分）

2．課題の確認（2分）

3．マイ黒板に自分の考えをまとめる（35分）
　　終わった児童から Teams に投稿
　　友だちの投稿に質問や意見を書く

4．ふり返り（3分）

これを見ると「本時の学習のまとめは？」と思われるかもしれないが，正直，無理である。これまでの授業なら，発言する児童は数人だから，その意見を元にまとめをすることは難しいことではない。だが，このマイ黒板を使った授業スタイルだと，できあがったマイ黒板を全員が Teams に投稿することになる。これは，言わばクラス全員が発言するようなものであり，それを授業時間内にすべて読み，児童同士の Teams 上でのやり取りもすべて読んで重要なものをピックアップし，まとめあげるような芸当は不可能だ。無理にやろうとすれば中途半端に終わることは間違いない。

それであれば，本時は児童同士のやり取りに終始させ，教師は授業中と授業後に児童のマイ黒板と Teams 上でのやり取りを見て，次時の頭に前時のふり返りとしてまとめた方が良いのではないだろうか。筆者はそのように考えている。

このような授業スタイルに至ったのは，くり返すが児童の没頭する姿によってである。45分の授業時間の中で35分を児童の活動時間に充てるのは多過ぎではないか，と思われる向きもあろうかと思うが，児童にはこれでも足りないと言われることが少なくない。それくらい，「デジタル技術を使って自分の考えを自由にまとめあげられる環境」というのは児童に魅力的ということであろう。

グループで共有する様子

❸意見を言えるようになる

　2年間にわたって学習者用デジタル教科書を使った国語の授業を受けた私のクラス児童が，卒業文集でデジタル教科書について書いてきたことがあった。

> 「デジタル教科書の授業」
> 　私のクラス担任は，PCと一緒に五の三にやってきた。五・六年と教えてもらったが，他の先生とは大きな違いがあった。それは，デジタル教科書の授業だった。デジタル教科書で授業を受ける事で自分の意見を書いて送ることで自分の意見を言うことができるようになった。前までは恥ずかしくて意見を発表するのをためらっていたけれど，このように授業を進める事で自分の意見をはっきりさせることができるようになった。しかも，授業が前よりも楽しくなったなーと思う。これは，PCとやってきた担任のおかげです。

　決してこなれた文章ではないが，児童の変容を考える上で大切な点が含まれていると感じる。それは，デジタル教科書の影響として「自分の意見を書いて送ることで自分の意見を言うことができるようになった。」と書いていること，また「前までは恥ずかしくて意見を発表するのをためらっていたけれど」「自分の意見をはっきりさせることができるようになった。」と書いていることである。

　特に前者はTeamsでの投稿を指していると思われるが，それがデジタル教科書の影響として捉えられているのはなぜか。恐らく，デジタル教科書を使った授業は必ず自分の意見を求められるのだけれど，デジタル教科書があると自分の意見を自信をもって言うことができたからであろう。

　そう，デジタル教科書があると児童は語り出すのである。と言うより，語らずにはいられなくなるのではないだろうか。

　マイ黒板に自分の考えをまとめる時，児童は自分の考えを的確に表すために「本文のどこを引っ張ってこようか」と考える。そのために何度も本文を読むことになり，その度に考えることになる。そうやって深く考えた末にできあがったマイ黒板だから，児童は「これが正しいかどうかはわからないけれど，説明することはできる」という境地に至る。

　そして，児童は国語に限らずあらゆる場面でグループウェアを使い，お互いの考えを交流させることの魅力を知っている。となれば，苦労して作ったマイ黒板を友だちに見せることに抵抗を抱くわけはないし，むしろ「これについて語りたい」という思いに至っても不思議はない。

　これは児童の変容のもっとも大きな部分ではないだろうか。

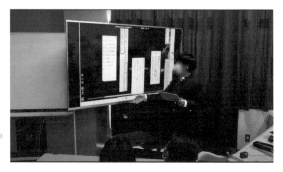

自分の意見を発表する様子

【執筆者紹介】（執筆順）

中川　一史　　放送大学教授
　　　　　　　CHAPTER1　SECTION1

小林　祐紀　　茨城大学准教授
　　　　　　　CHAPTER1　SECTION2

藤森　裕治　　文教大学教授
　　　　　　　CHAPTER1　SECTION3

中橋　　雄　　日本大学教授
　　　　　　　CHAPTER1　SECTION4

加藤　直樹　　東京学芸大学教授
　　　　　　　CHAPTER1　SECTION5

村井万寿夫　　北陸学院大学教授
　　　　　　　CHAPTER1　SECTION6

森下　耕治　　光村図書出版株式会社ＩＣＴ事業本部副本部長
　　　　　　　CHAPTER2　SECTION1

佐藤　幸江　　放送大学客員教授
　　　　　　　CHAPTER2　SECTION2

石川　　等　　山梨県中央市立三村小学校校長
　　　　　　　CHAPTER2　SECTION3

鷹野　昌秋　　東京都足立区立舎人第一小学校教諭
　　　　　　　CHAPTER2　SECTION4

谷川　　航　　東京都小平市立小平第三小学校教諭
　　　　　　　CHAPTER2　SECTION5-1

鈴木　秀樹　　東京学芸大学附属小金井小学校教諭
　　　　　　　CHAPTER2　SECTION5-2

【編著者紹介】
中川　一史（なかがわ　ひとし）
放送大学教授・博士（情報学）。専門領域はメディア教育，情報教育。
主な研究テーマとしては，国語科教育における情報・メディア，デジタル教科書活用の研究，ICT活用指導力育成に関する研究，情報端末機器の教育利用の研究など。
所属学会は，日本STEM教育学会（副会長），日本教育メディア学会（理事）他。文部科学省「教育の情報化に関する手引作成検討会」（副座長），教科書研究センター「デジタル教科書に関する調査研究委員会」（委員長），一般社団法人日本教育情報化振興会「ICT夢コンテスト」（審査委員長）などを歴任。
国語と情報教育研究プロジェクト代表，D-project（デジタル表現研究会）会長。数々の小中学校の実践研究の指導・助言にあたる。

GIGAスクール・1人1台端末に対応！
小学校国語「学習者用デジタル教科書」徹底活用ガイド

2021年7月初版第1刷刊　©編著者　中　川　一　史
　　　　　　　　　　　　発行者　藤　原　光　政
　　　　　　　　　　　　発行所　明治図書出版株式会社
　　　　　　　　　　　　　　　　http://www.meijitosho.co.jp
　　　　　　　　　　　　（企画）木山麻衣子（校正）有海有理
　　　　　　　　　　　　〒114-0023　東京都北区滝野川7-46-1
　　　　　　　　　　　　振替00160-5-151318　電話03(5907)6702
　　　　　　　　　　　　ご注文窓口　電話03(5907)6668
＊検印省略　　　　　　　組版所　株式会社木元省美堂

Printed in Japan　　　　　　　ISBN978-4-18-337911-5
もれなくクーポンがもらえる！読者アンケートはこちらから→